One Piece Final Answer

通往最終之地「拉乎德爾」的指標

# 航海王最終研究 再考察

ONE PIECE研究會◎編著
鍾明秀◎翻譯

大風文化

寶藏嗎？
的話……
海上去找吧，
一切
那裡。」

By 哥爾·D·羅傑（第1集第1話）

「想要我的
如果想要
那就到
ONE PIECE FINAL ANSWER REVISION
這世上的
我都放在

# 解讀出「龐大伏筆」的旅程

## ▼什麼是航海王最終研究系列重點摘要版？

累積銷售數量突破**三億兩千萬冊**，《航海王》的成就持續攀升到前人未曾達到的「高點」。這套不管誰都會認定是「怪物漫畫」的作品，最大的魅力可以說就在於精密計算過的「伏筆」吧。有許多讀者會將散落在作品中的謎團**「碎片」（PIECE）**相連結，以預測未來的發展，而坊間出版的考察研究書更是多不勝數，本書也是其中之一。

目前，草帽一行人正在多雷斯羅薩與唐吉訶德家族作戰，從大魔王多佛朗明哥的口中，我們也知道了**「二十位國王」**的後裔就是天龍人。而曾經與魯夫一同航海的薇薇所屬的納菲魯塔利王室也是其中之一，但不知為何，只有他們那一族沒有移居到馬力喬亞。從這點可以猜測雙方可能發生過什麼爭執，而理由之一是不是也跟**「歷史本文」**有關呢？

「歷史本文」是存在於世界政府之前的**「某個巨大王國」**所遺留下來，記載著「空白的一百年」歷史的石碑。它們分散於世界各地，據說只要將這些串聯起來解讀，就能獲得一些答案。而這些礦石的守護者之一，就是

※本書為透過多種角度來考察由集英社所發行、尾田栄一郎著作之《航海王》的「非官方」研究書。本書之中也存在著「這件事與這件事應該有關聯」、「說不定是這樣？」的推測，以及「希望是這樣」這類幾乎是妄想的記述。如果認為閱讀本書會減少閱讀原作漫畫時的樂趣，或是還沒有看過原作漫畫單行本或《週刊少年JUMP》之連載的讀者，不建議購買本書喔。

【前 言】Many foreshadows kept in a great cartoon

納菲魯塔利王室。也就是說，儘管一同創立了世界政府，但他們也跟可能被世界政府滅亡的「某個巨大王國」有關聯，因此薇薇的家族仍留有許多尚未解開的謎團。

本書是以**「最終研究」**為題的《航海王》研究書系，截至目前為止共出版了七冊*系列書。每一冊都有其主旨，如第一冊是「歷史」、第二冊是「神話」、第三冊是「夥伴」等等，進行了各種形式的考察，而本書則是從其中篩選出目前仍相當可信的考察，以此為中心所完成的重點摘要版本。藉由將分別考察過的「歷史本文」做**「統一整理」**，才能更進一步地接近真相——本書就是基於這樣的想法而製作。當然，我們也會將過去的內容進行添加、修正，希望無論是本系列的忠實讀者，或是從未接觸本系列的讀者，都能夠享受內容的豐富性。

解開《航海王》各種謎團的「真正歷史本文」探究之旅——現在就邀請各位讀者跟我們一起展開這場「考察大冒險」吧。

——ONE PIECE 研究會

*・本書為笠倉出版社所出版的「ワンピース最終研究〈改 REVISION〉最果ての地・ラフテルへの道しるべ」之繁體中文版。本系列第一冊～第三冊繁體中文版為台灣東販所出版之「航海王終極研究」1～3冊；第四冊～第六冊繁體中文版為大風文化所出版之「航海王最終研究」1～3冊，敬請參閱。

# 【目　次】

## 通往最終之地「拉乎德爾」的七大指標


【前言】Many foreshadows kept in a great cartoon　004

ONE PIECE WORLD MAP
目前已經明朗化的
**航海王世界預想地圖**　008

ONE PIECE LIST OF CENTURIES
目前已經明朗化的
**航海王歷史年表**　010

第1航路
**針對空白的一百年所做的一項假說**　017

掌握所有關鍵的最高機密——深入探究「某個巨大王國」！／歐哈拉學者們在檯面下持續研究所推導出的假說／王國有參考的原型？與夢幻亞特蘭提斯的相似之處／世界還很和平的時代？「空白的一百年」之前的歷史／有誰知道「空白的一百年」發生的所有真相？／毀滅世界的古代兵器過去曾用於戰爭上嗎？／世界政府的目的就是將世界之海分成四個部分?!

第2航路
**D之一族與天龍人，以及月之人**　043

種族？意志？名字？究竟「D」所代表的意思是什麼？／「D之一族」與「天龍人」原本是同一種族?!／創立世界政府的「二十位國王」的陰謀論是什麼？／「D之一族」是「某個巨大王國」的王族？／扉頁圖中意想不到的伏筆，此處登場的月之人是什麼？／月之人的科學技術和歐帕茲有所連結？／「SKYPIEA人」與「香狄亞人」的共通點／「D之一族」VS「二十位國王」以及一些推測／預測未來可能會出現的「D之一族」！

第3航路
**從神話角度來解讀古代兵器之謎**　081

世界政府對冥王異常執著的理由／以「冥界之王」為名的古代兵器「冥王」／過去曾發生過古代兵器之間的悲壯戰役?!／與「偉大的航路」相關的古代兵器各種說法與考察／已知的第三件古代兵器——古名烏拉諾斯的天空之神／復活的三件古代兵器與追求自由之人所到達的高度

第4航路

至今仍未解開的巨人族起源及諸多謎團 107

巨人是種理所當然存在的《航海王》世界／巨大生物是因環境變化而產生的嗎？／現實世界中的巨人傳說與顯示其實際存在過的各種痕跡／《航海王》世界的歐帕茲是出自巨人之手?!／從古代神話來探究關於巨人族的謎團／由神話與關鍵字「諾亞」所推導出的巨人族起源／從魚人島的方舟「諾亞」來看巨人曾經存在的可能性

第5航路

暗中活躍於新世界的異形男子——黑鬍子的真正目的 139

擁有兩種「惡魔果實能力」的男人——黑鬍子／黑鬍子將擁有的第三種能力是犬犬果實．塞柏拉斯型態？／「黑鬍子」的原型是大航海時代實際存在過的「黑鬍子」／阻擋在最後大結局之前的最後大魔王就是黑鬍子？／白鬍子遺言中的真正意思——至今還未解開的黑鬍子之謎

第6航路

錦右衛門與桃之助 167

目前為止已知的和之國相關情報／其他可能也來自和之國的諸多角色／桃之助是未來的將軍？與幕末時期極為相似的和之國／錦右衛門是和之國的重要人物?!或者只是脫藩的志士?!／最後一塊拼圖是桃之助的推論?!適合他的位置跟傑克一樣是○○？／錦右衛門所說的殺父仇人——「龍」，究竟是什麼？／多佛朗明哥不斷追捕錦右衛門等人的理由／和之國會有吉原、新選組和忍者等元素登場嗎？

第7航路

最終之地．拉乎德爾是飄浮島的可能性 203

最終之島．拉乎德爾並沒有「一個大秘寶」？／在《格列佛遊記》中看到與《航海王》的共通點／與名作的兩個相似點，推導出「飄浮島」拉乎德爾之說／世界情勢的相似處，強化了拉乎德爾＝拉普塔的推論／格列佛的旅程所暗示最終之島．拉乎德爾的位置

【結語】Message to the reader who can go along by a cartoon 234


ONE PIECE FINAL ANSWER REVISION

# 目前已經明朗化的
# 航海王世界預想地圖

The World map

謝爾茲鎮
歐爾根諸島
橘子鎮
某小島
唐恩島
哥雅王國
佛夏村
珍獸島
East Blue
North Blue
Calm Belt
夏波帝諸島
魔幻三角地帶
恐怖三桅帆船
水之七島
艾尼愛斯
大廳
Maryjoa
海軍本部
海上火車航路
RAND LINE
推進城
女人島
空島
SKYPIEA
West Blue
Red Line

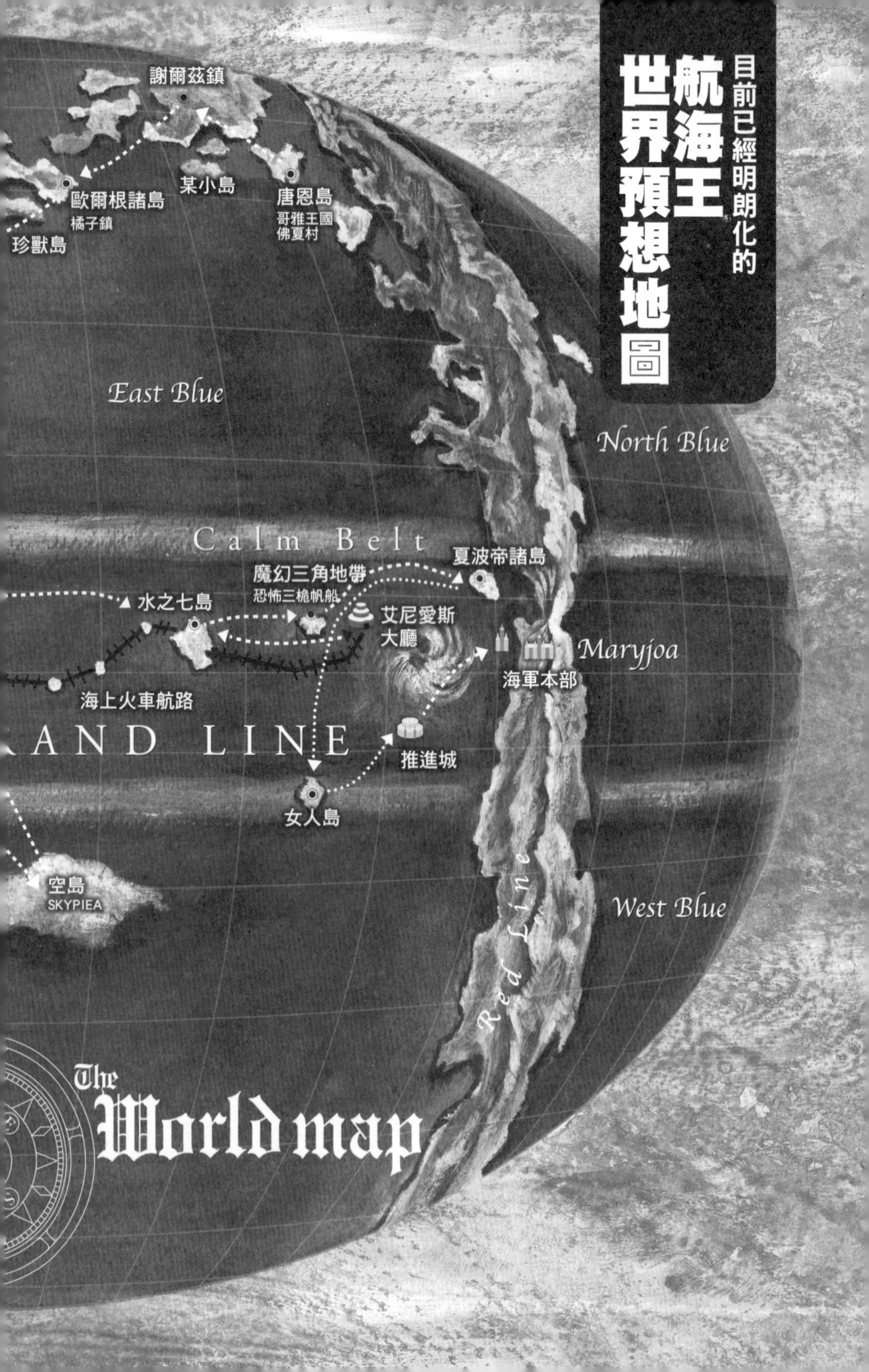

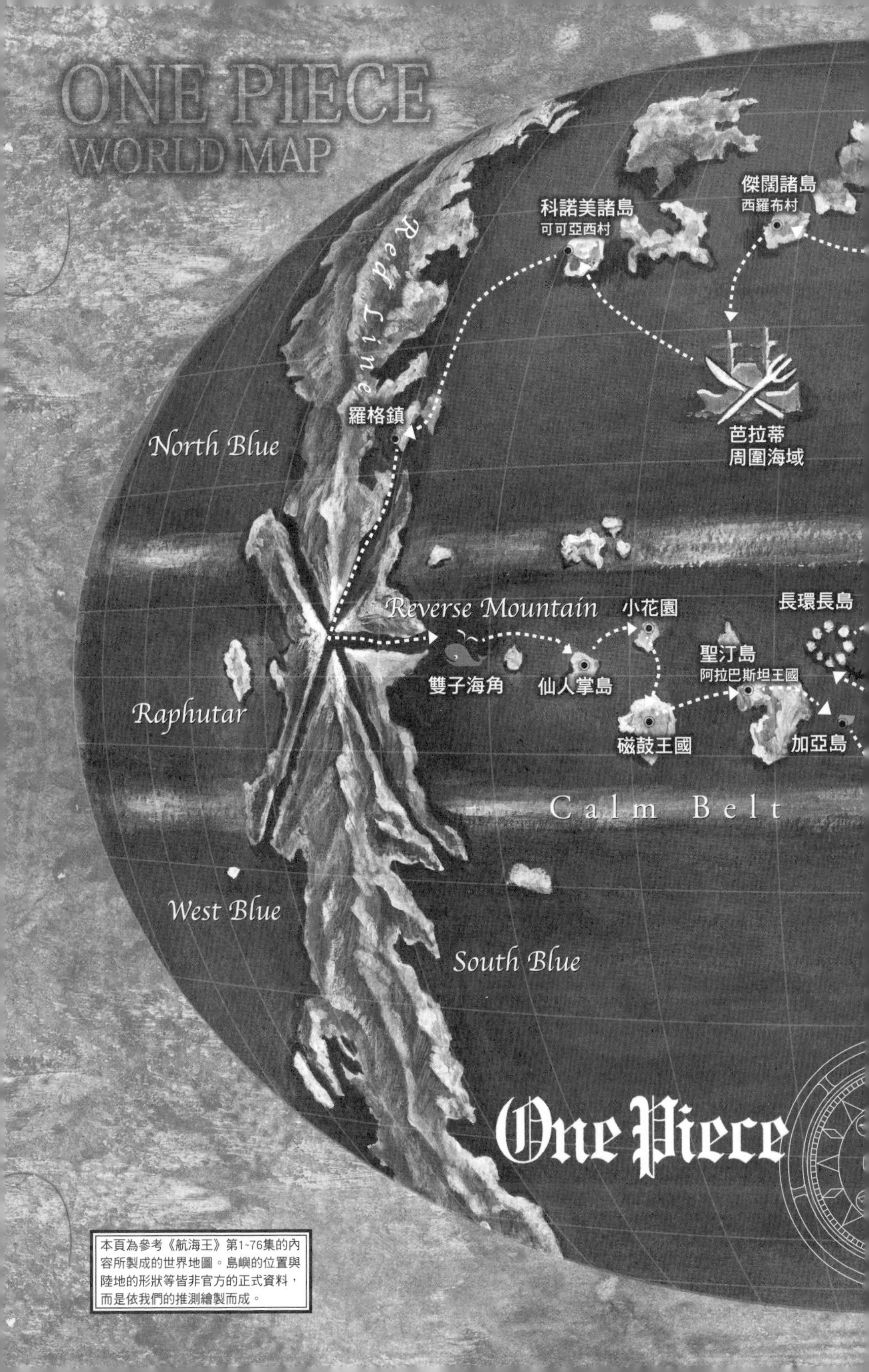

# ONE PIECE WORLD MAP

Red Line
科諾美諸島
可可亞西村
傑閣諸島
西羅布村
芭拉蒂
周圍海域
羅格鎮
North Blue
Reverse Mountain
小花園
長環長島
聖汀島
阿拉巴斯坦王國
雙子海角
仙人掌島
Raphutar
磁鼓王國
加亞島
Calm Belt
West Blue
South Blue
One Piece

本頁為參考《航海王》第1~76集的內容所製成的世界地圖。島嶼的位置與陸地的形狀等皆非官方的正式資料，而是依我們的推測繪製而成。

# 目前已經明朗化的航海王歷史年表

本年表是以航海王「最後的大海・新世界篇」的年代為考量所計算的年代。因此在「生存之海・新人篇」中已經得知的年代，會在單行本上記載的數字再加上2年。這些主要是透過於原作裡出現的臺詞中所得知的年代，因此「一百年前」或「五十年前」等年代並不見得是正確的年代，敬請見諒。

|  |  |
|---|---|
| 約5000多年前 | ▼全知之樹誕生於歐哈拉 |
| 約4000多年前 | ▼阿爾巴那宮殿建設於阿拉巴斯坦 |
| 約1100多年前 | ▼古代都市香朵拉繁榮時期 |
| 約1000多年前 | ▼香朵拉興建「活祭品祭壇」 |
| 約900～920年前 | ▼唐吉訶德家族與頓達塔族結下恩怨<br>▼空白的一百年拉開序幕 |
| 約800～900年前 | ▼喬伊波伊留給人魚公主的謝罪文成為歷史本文遺留下來 |
| 約800～820年前 | ▼香朵拉滅亡<br>▼被記載在歷史本文中的「巨大王國」被聯合國消滅<br>▼二十位國王創立世界政府<br>▼「世界之法」明文禁止解讀歷史本文<br>▼司法島艾尼愛斯大廳建造完成<br>▼空白的一百年結束 |
| 約700年前 | ▼龍舌蘭之狼開始建設連接島嶼的巨大橋梁 |

CENTURIES

|  |  |
|---|---|
| 約500年前 | ▼魔人歐斯留下許多傳說後凍死於冰之國 |
| 約460年前 | ▼盧布尼爾王國爆發「樹熱」，超過十萬人死亡。 |
| 約400年前後 | ▼諾蘭德的探險船從維拉鎮出發，之後抵達加亞島。<br>▼加亞島的一部分被沖天海流沖上空島<br>▼空島人與香狄亞人爆發戰爭 |
| 約200年前 | ▼龍宮王國成為世界政府的加盟國<br>▼武器店「ARMS SHOP」於羅格鎮創業<br>▼世界政府發布與魚人島友好的消息 |
| 約100年前 | ▼福連伯斯開始發展珀鉛產業<br>▼儘管根據世界政府的地質調查，在福連伯斯中徹查出有毒，事實卻遭到隱瞞。 |
| 90年前 | ▼4月3日：布魯克誕生 |
| 74年前 | ▼4月6日：艾德華・紐蓋特誕生 |
| 52年前 | ▼倫巴海賊團與拉布一同抵達顛倒山<br>▼哥爾・D・羅傑以新人之姿聞名於世<br>▼布魯克死亡（享年38歲）；黃泉果實的能力啟動。 |
| 51年前 | ▼布魯克雖然發現自己的身體，但因為已經變成一堆白骨，因此以骷髏的形態復活。 |

|  |  |
|---|---|
| 50年前 | ▼9月6日：月光・摩利亞誕生 |
| 49年前 | ▼托雷波爾誕生 |
| 47年前 | ▼2月9日：巴索羅繆・大熊誕生<br>▼8月1日：烏魯基誕生 |
| 46年前 | ▼吉貝爾誕生<br>▼9月5日：沙・克洛克達爾誕生 |
| 45年前 | ▼帝雅曼鐵誕生 |
| 44年前 | ▼居魯士誕生 |
| 43年前 | ▼3月9日：喬拉可爾・密佛格誕生 |
| 42年前 | ▼1月17日：卡波涅・培基誕生 |
| 41年前 | ▼10月23日：唐吉訶德・多佛朗明哥誕生 |
| 40年前 | ▼8月3日：馬歇爾・D・汀奇誕生<br>▼琵卡誕生 |
| 39年前 | ▼3月9日：傑克誕生 |
| 36年前 | ▼3月9日：佛朗基誕生於南方藍<br>▼3月14日：斯摩格誕生 |
| 35年前 | ▼絲卡蕾特誕生 |
| 33年前 | ▼10月24日：X・多雷古誕生<br>▼唐吉訶德家族離開聖地馬力喬亞，失去了天龍人的地位。<br>▼多佛朗明哥的母親過世 |
| 32多年前 | ▼佛朗基從南方藍進入偉大的航路 |
| 31年前 | ▼3月19日：刮盤人・亞普誕生<br>▼9月2日：波雅・漢考克誕生（※）<br>▼9月9日：巴吉魯・霍金斯誕生 |

※出自單行本第54集SBS。

# ONE PIECE LIST OF

|  |  |
|---|---|
| 31年前 | ▼多佛朗明哥殺害父親 |
| 30年前 | ▼2月6日：妮可・羅賓誕生於西方藍 |
| 28年前 | ▼妮可・歐爾比雅等人組成歷史本文探索隊，從歐哈拉出發<br>▼羅傑罹患不治之症<br>▼可樂克斯成為羅傑海賊團的船醫<br>▼碧歐菈誕生 |
| 27年前 | ▼金獅子獅鬼與羅傑之間爆發愛特・沃爾海戰<br>▼3月19日：奇拉誕生 |
| 26年前 | ▼10月6日：托拉法爾加・羅誕生，並已經罹患珀鉛病。<br>▼佛朗基在水之七島的廢船島被湯姆撿走，後來加入湯姆造船公司。<br>▼居魯士在鬥技場達成1000勝 |
| 25年前 | ▼羅傑海賊團稱霸偉大的航路，之後解散海賊團。<br>▼雪莉夫人預言會有大量的海賊登陸魚人島 |
| 24多年前 | ▼羅傑抵達空島<br>▼水之諸神造成水之七島的淹水狀況日益嚴重，整個城市失去活力。 |
| 24年前（羅傑被處刑前） | ▼9月1日：珠寶・波妮誕生<br>▼波特卡斯・D・露珠懷了羅傑的孩子<br>▼羅傑向世界政府自首 |
| 24年前（羅傑被處刑後） | ▼羅傑於羅格鎮遭到處刑。羅傑最後說的話讓人們邁向大海，大海賊時代拉開序幕。<br>▼傑克為了組成自己的海賊團而踏上旅途<br>▼船匠湯姆因替羅傑建造海賊船而被判處死刑<br>▼因羅傑遭到處刑，使得實力與羅傑不相上下的白鬍子站上頂點，白鬍子的時代隨之拉開序幕。<br>▼10月6日：巴特洛馬誕生於東方藍 |

## 目前已經明朗化的 航海王歷史年表

|  |  |
| --- | --- |
| 23年前 | ▼1月10日：尤斯塔斯．基德誕生<br>▼10月6日：達絲琪誕生 |
| 22年前 | ▼1月1日：波特卡斯．D．艾斯誕生於南方藍的巴鐵利拉<br>▼歐哈拉島因遭到非常召集的攻擊而毀滅，並從地圖上消失。<br>▼妮可．羅賓被懸賞7900萬貝里<br>▼梅利開始製作前進梅利號的設計圖<br>▼3月20日：薩波誕生於東方藍的哥雅王國 |
| 21年前 | ▼3月2日：香吉士誕生於北方藍<br>▼11月11日：羅羅亞．索隆誕生於東方藍的西摩志基村 |
| 20多年前 | ▼白鬍子將魚人島納入自己的地盤 |
| 20年前 | ▼7月3日：娜美誕生 |
| 19年前 | ▼4月1日：騙人布誕生於東方藍的西羅布村<br>▼5月5日：蒙其．D．魯夫誕生<br>▼居魯士成為利克王軍軍隊長，負責保護公主絲卡蕾特及碧歐菈，之後與絲卡蕾特相愛。 |
| 18年前 | ▼2月2日：阿拉巴斯坦王國的公主納菲魯塔利．薇薇誕生 |
| 17多年前 | ▼馬歇爾．D．汀奇造成傑克的左眼受傷 |
| 17年前 | ▼12月24日，多尼多尼．喬巴誕生於磁鼓島<br>▼耶穌布加入紅髮海賊團<br>▼某國國王踏入桃色島「卡馬帕卡王國」，變成人妖後回國。<br>▼艾斯與薩波為了當海賊而開始存錢<br>▼乙姬王妃開始進行移居地上的連署活動 |
| 16年前 | ▼費雪．泰格自聖地馬力喬亞回到魚人島<br>▼4月4日：白星公主誕生於龍宮王國<br>▼托拉法爾加．羅成為多佛朗明哥海賊團的成員 |
| 15年前 | ▼費雪．泰格在聖地馬力喬亞解放了奴隸們<br>▼吉貝爾退出尼普頓軍隊<br>▼費雪．泰格組成太陽海賊團<br>▼威爾可依照多佛朗明哥的指示加入海軍 |
| 14年前 | ▼湯姆完成海上火車「冒煙湯姆號」，並成功完成首航。 |
| 13年前 | ▼傑克所率領的紅髮海賊團在佛夏村停留，與魯夫交情甚篤。<br>▼波雅．漢考克成為女人島亞馬遜百合的女帝與九蛇海賊團的船長<br>▼柯拉遜遭到唐吉訶德殺害 |
| 12多年前 | ▼月光．摩利亞與海道在新世界爆發衝突，海道打敗了摩利亞。 |
| 12年前 | ▼魯夫吃下橡膠果實<br>▼傑克將草帽託付給魯夫後離開佛夏村<br>▼東吉特挑戰全世界最高的竹高蹺，結果卻下不來。<br>▼傑克於夏波帝諸島與席爾巴斯．雷利重逢<br>▼魯夫在達坦的身邊結識艾斯與薩波，與兩人結拜為兄弟並喝下結拜酒。<br>▼多拉格抵達西摩志基村；灰色車站發生火災。<br>▼薩波遭到天龍人砲擊而與船一起沉沒，生死不明。<br>▼泰格因拒絕輸入相同血型之人類血液至體內，因而失血過多死亡。<br>▼砂糖吃了遊樂果實，因能力的副作用而使年齡停止增長。<br>▼哲普截斷自己的右腳，與香吉士漂流到無人島。 |
| 11年前 | ▼吉貝爾加入王下七武海<br>▼太陽海賊團分裂為吉貝爾、惡龍、馬可羅三派 |
| 10年前 | ▼佛朗基變成改造人<br>▼乙姬王妃遭到荷帝瓊斯槍殺身亡<br>▼白星公主為了躲避班塔．戴肯九世而躲進硬殼塔 |

## 10年前

▼荷帝偷走E・S並組成新魚人海賊團
▼多佛朗明哥以「天上金」運輸船威脅世界政府，加入王下七武海。
▼多佛朗明哥一夕之間顛覆了利克王家族並取而代之，由唐吉訶德家族回歸多雷斯羅薩的王位寶座。
▼包含居魯士在內的多雷斯羅薩居民都因砂糖的能力而變成了玩具
▼帝雅曼鐵槍殺絲卡蕾特
▼碧歐拉以保住父親利克王的性命為條件，改名維爾莉特加入唐吉訶德海賊團。

## 9年前

▼在西凱阿爾王國爆發的戰爭結束

## 8年前

▼於聖地馬力喬亞召開「世界會議」，多拉格的危險性受到各國確認。
▼艾涅爾消滅故鄉碧卡，登上SKYPIEA之神的寶座。
▼Dr.西爾爾克替喬巴取名為「多尼多尼・喬巴」，並將帽子送給喬巴。

## 7年前

▼騙人布與洋蔥頭、紅蘿蔔頭、青椒頭組成騙人布海賊團。
▼「卡雷拉公司」於水之七島成立
▼CP9為了尋找「冥王」的設計圖，而潛伏於水之七島。
▼布魯克在恐怖三桅帆船上被月光・摩利亞奪走影子
▼妮可・羅賓從西方藍越過顛倒山進入偉大的航路

## 6年前

▼克洛克達爾組成祕密犯罪公司巴洛克華克
▼艾斯巴古將古代兵器「冥王」的設計圖託付給佛朗基
▼佛朗基組成解體組織佛朗基家族

## 5年前

▼艾斯自柯爾波山出發，組成黑桃海賊團。

## 4年前

▼克比成為亞爾麗塔海賊團的航海士兼打雜人員

# ONE PIECE LIST OF CENTURIES

## 4年前

▼艾斯拒絕加入王下七武海，並與吉貝爾展開為期五天的決鬥。
▼艾斯加入白鬍子海賊團，之後成為第二隊隊長。
▼凱薩・克勞恩在龐克哈薩特島上引爆化學武器，整座島遭到污染。
▼世界政府完全封鎖龐克哈薩特島
▼凱薩遭到逮捕，但卻從監獄船上逃走。

## 3年前

▼凱薩回到龐克哈薩特島

## 未滿3年前

▼磁鼓王國遭到黑鬍子襲擊滅亡

## 2年前

▼魯夫自佛夏村出海
▼惡龍領域毀滅，魯夫因此被懸賞3000萬貝里。
▼阿拉巴斯坦王國的叛亂結束，克洛克達爾遭剝奪王下七武海稱號，魯夫的懸賞金額提高到1億貝里。
▼索隆被懸賞6000萬貝里
▼空島SKYPIEA與香狄亞之間的戰爭結束
▼CP9全軍覆沒，艾尼愛斯大廳毀滅。
▼襲擊艾尼愛斯大廳後，魯夫的懸賞金額提高到3億貝里、索隆的懸賞金額提高到1億2000萬貝里、羅賓的懸賞金額提高到8000萬貝里。同時，香吉士被懸賞7700萬貝里、佛朗基被懸賞4400萬貝里、騙人布被懸賞3000萬貝里（以狙擊王的身分）、娜美被懸賞1600萬貝里、喬巴被懸賞50貝里。
▼波特卡斯・D・艾斯及「黑鬍子」馬歇爾・D・汀奇在巴納洛島展開決鬥。戰敗的艾斯被交給世界政府，並且被關進推進城，汀奇則是加入王下七武海。
▼月光・摩利亞的一大勢力——恐怖三桅帆船完全毀滅，受到摩利亞控制的影子都被解放。
▼世界政府決定公開處決艾斯

# 目前已經明朗化的 航海王歷史年表

## 2年前

▼巴索羅繆．大熊拍散草帽一行人之後，接受貝卡帕庫博士的改造手術，變成完全沒有自我意志的武器「PX-0」。
▼在馬林福特頂點戰爭的前一天，海道在新世界與傑克爆發小規模衝突。

## 1年前前後

▼赤犬（盃）與青雉（庫山），在龐克哈薩特展開爭奪下任元帥寶座的決鬥。
▼赤犬戰勝青雉，就任元帥。
▼青雉脫離海軍
▼龐克哈薩特一半變成燃燒的島嶼，另一半則是酷寒的島嶼。
▼海軍本部遷移所在地
▼進行全世界徵兵
▼魯夫的懸賞金額提高到4億貝里
▼吉貝爾加入BIG MOM旗下
▼白鬍子死後，魚人島以提供大量零食為代價，換取BIG MOM的保護。
▼黑鬍子取代白鬍子成為四皇
▼托拉法爾加．羅加入王下七武海
▼巴特洛馬進入新世界

## 現在

▼草帽一行人於夏波帝諸島集結，並且啟程前往魚人島，最後順利抵達目的地。
▼草帽一行人與新魚人海賊團展開戰鬥並獲得勝利
▼經證實後，揭曉白星公主為古代兵器「海神」。
▼發現約定之船「諾亞」要由海王類拖行
▼吉貝爾答應將來會加入草帽一行人
▼魯夫將魚人島納入保護傘
▼草帽一行人離開魚人島並進入新世界
▼草帽一行人登陸龐克哈薩特
▼草帽一行人遇到和之國出身的武士錦右衛門，一行人決定要一起去救回錦右衛門的兒子．桃之助。

## 現在

▼魯夫與羅結為同盟
▼基德海賊團、ON AIR海賊團與霍金斯海賊團結為同盟。
▼凱薩使用殺戮兵器「死之國」，並透過直播威脅新世界的各個國家。
▼惡魔果實即使沒有實體也能夠使用
▼證實桃之助是和之國的將軍候選人
▼魯夫在C棟地下的「垃圾桶」遇到桃之助
▼托拉法爾加．羅戰勝了「海賊」威爾可，並且破壞製造「SAD」的裝置。
▼凱薩位於龐克哈薩特的研究所毀滅
▼魯夫打倒凱薩並俘虜凱薩
▼已證實人造惡魔果實屬於動物系
▼托拉法爾加．羅要求多佛朗明哥「辭去王下七武海」進行條件交換
▼斯摩格與追擊魯夫等人的多佛朗明哥對決之後敗北。命在旦夕之際，青雉現身為其解危。
▼報紙報導多佛朗明哥放棄王下七武海的稱號與多雷斯羅薩的王位
▼托拉法爾加．羅指定交還凱薩的地方為——位於多雷斯羅薩北方的孤島「格林比特」的「東南方海灘」，並與魯夫等人一同前往多雷斯羅薩。
▼魯夫等人在多雷斯羅薩遭遇海軍上將「藤虎」
▼鬥牛鬥技場公布優勝者的獎品是「火焰果實」。魯夫決定參賽。
▼已證實多佛朗明哥原本是天龍人
▼佛朗基開始攻擊玩具之家
▼已證實藤虎打算完全廢除王下七武海
▼魯夫與薩波睽違12年重逢
▼千陽號遭到BIG MOM攻擊
▼千陽號航向佐烏

## 現在

- ▼薩波在鬥牛鬥技場上獲勝，吃了火焰果實。
- ▼揭露維爾莉特是碧歐菈公主，同時也是蕾貝卡的親姊姊。
- ▼已證實是由於砂糖的惡魔果實──「遊樂果實」之能力，才讓多雷斯羅薩的人民變成玩具。
- ▼騙人布嚇昏砂糖，拯救了變成玩具的人。
- ▼多佛朗明哥在多雷斯羅薩發動「鳥籠」
- ▼已證實黑鬍子海賊團共有十一個人
- ▼發現單腳士兵的真正身分為居魯士，也就是蕾貝卡的親生父親。
- ▼證實劍鬥士瑞奇是前任多雷斯羅薩國王
- ▼人造惡魔果實是由頓達塔王國的人民所培育
- ▼利克王、藤虎將多雷斯羅薩的命運託付給魯夫
- ▼已知「終極惡魔果實」就是羅所擁有的手術果實的能力
- ▼得知羅的全名為托拉法爾加・D・瓦特爾・羅
- ▼證實多佛朗明哥曾經有弟弟

※本書是以集英社發行，尾田栄一郎著的《航海王》單行本第1～76集、「ONE PIECE RED 絕讚的人物特寫」、「ONE PIECE YELLOW 絕讚的元素解析」、「ONE PIECE GREEN 絕讚的祕密章節」、「尾田栄一郎畫集 ONE PIECE COLOR WALK 1」、「尾田栄一郎畫集 ONE PIECE COLOR WALK 2」、「尾田栄一郎畫集 ONE PIECE COLOR WALK 3」、「尾田栄一郎畫集 ONE PIECE COLOR WALK 4」、「尾田栄一郎畫集 ONE PIECE COLOR WALK 5」，以及於「航海王電影版：強者天下」上映時所贈送的非賣品「航海王」單行本第0集、「航海王電影版：Z」、「航海王電影版：Z劇場版導覽」、日刊SPORT新聞社發行的「週刊航海王新聞」全四期、「航海王 10th TREASURES」、「Comickers」、「WONPARA vol.1～5」、「漫畫☆天國」、「週間 PLAYBOY」、「漫畫腦的鍛鍊方法」、「ONE PIECE展・官方圖錄」、「井上雄彥ぴあ」、「SWITCH 2009年 vol.27」、「搞怪吹笛手公式漫迷手冊」為參考資料所構成的。在本文的（）中如寫到第◯集第◯話，代表引用自單行本第◯集第◯話。如果目前還在日本週刊少年 JUMP 連載，但尚未收錄在單行本中的故事，則只會在（）中註明第◯話。如提到「航海王最終研究」系列前幾冊時，就會以「本系列第一冊、第二冊、第三冊……」的方式記載。本書的考察是依據截至2015年2月6日《週刊少年 JUMP 10號（日本）》為止已解開的事實所進行的考察。如果在本書上市之時有新的事實解開，有可能會推翻本書的考察內容，敬請見諒。

One blank hypothesis to 100 years

# 第1航路

# 針對空白的一百年所做的一項假說

## 世界的海洋是被政府分割成四個部分?!

# 掌握所有關鍵的最高機密──深入探究「某個巨大王國」！

## ▼文獻中所顯示的「某個巨大王國」之存在

**《航海王》**的故事中處處都是伏筆，總在令人意想不到的時間點解開，而且大多和以前登場過的情節與意料之外的場面相連結。對於書迷來說，能夠感受到合乎期待的驚喜，同時也惱人地引發了好奇心，這正是吸引許多讀者進入《航海王》世界的強大魅力之一吧。而到目前為止都還沒有明朗化的其中一部分，就是**「某個巨大王國」**這個關鍵詞。

在故事中首次提到「某個巨大王國」的場景，是探究不可碰觸的歷史而被當成罪人的考古學者克洛巴博士，跟**「世界政府」**最高權力者**「五老星」**之間的對話。

**「歐哈拉」**聚集了數量龐大的文獻及全世界優秀的考古學家，在這座島嶼上曾祕密地研究著**「歷史本文」**。「某個巨大王國」這個詞彙，就在知名的考古學權威克洛巴博士所建立的**「假設」**中登場。可是，就在博士打算說出文獻中出現的王國名稱時，便遭世界政府的人射殺。從世界政府驚慌的反應看來，可以推測「某個巨大王國」實際存在過的可能性極高。

克洛巴博士曾說過「某個巨大王國」現在**「已經消失得無影無蹤」**、**「關於那個國家的情報，卻被抹滅得一乾二淨」**（皆出自第41集第395話）。就像這些內容所說明的那樣，是被某些人刻意消除的。

聽了克洛巴博士所說的話，世界政府以**「知道太多」**為理由，發動**「非常召集」**，將整座島連同居民一起燒毀。看得出來世界政府採取了極端的隱瞞手段，**「只要能阻止對自己不利的情報外流，即使毀滅整座島也在所不惜」**。我們就以此為基礎，來看「某個巨大王國」到底是被誰、為了什麼目的而消滅，以歐哈拉學者們拚了命研究並建立的假設作為主軸來解讀這一切。

# 歐哈拉學者們在檯面下持續研究所推導出的假說

## ▼被世界政府視為威脅的考古學聖地歐哈拉是座什麼樣的島？

直到二十二年前，島國歐哈拉都還靜謐地佇立於**「西方藍」**。島上一株樹齡超過五千年的**「全知之樹」**根盤穩固，是全世界最大且最古老的圖書館，從世界各地收集了數量龐大的文獻，也聚集了優秀的考古學家。表面上進行的是對世界文化有貢獻的研究，但私底下卻偷偷探究著關於**「空白的一百年」**中所發生的真相。

**「可以解開歷史上的任何謎團！」**（第41集第392話）正如克洛巴博士所說的臺詞，歐哈拉達到了有史以來唯一能解讀出刻在**「歷史本文」**上之古代文字的成就。對此倍感威脅的政府，以**「再繼續研究下去很可能會讓凶惡的古代兵器復活」**為藉口，發動所謂的「非常召集」，讓所有海軍集中火力攻擊，毀滅了整座歐哈拉島。這起攻擊也是要讓世人清楚知道這些鑽研「空白的一百年」學者們的悲慘末路。而正如世界政府所願，世人更深刻地體認到研究「空白的一百年」是世界性的犯罪行為，而歐哈拉的存在也就這樣從地圖上消失了。

提到《航海王》世界的歷史，不可缺少的要素之一就是「歷史本文」這樣的石頭。這種石頭特別堅硬，用砲彈去炸也不會有任何傷痕，而根據妮可·羅賓在**「SKYPIEA」**時的說法，「歷史本文」還分為**「記錄情報的石碑」**和**「顯示其所在地的石碑」**兩種。歐哈拉的學者們以在「歷史本文」上讀取到的情報為中心，針對至今幾乎無人接近的謎團，建立了獨特的假說。

首先對於某些人將這些訊息留在無法被破壞的礦石上，考古學者們推測其理由是因為他們害怕若將情報寫在紙上，很容易就會遭到焚毀。甚至他們還提出**「這就證明了留下這些東西的人們存在著『敵人』」**（第41集第395話）這樣的見解。而實際上，歐哈拉的圖書館被放火，許多書籍都化為灰燼。之前可能也發生過相同的事件，因此還有學者們為了避免貴重書籍被燒毀，而將書扔進湖裡的場景。

當兩個組織之間發生激烈衝突時，輸家就會自然而然地消失在歷史舞臺上，只有贏家能在歷史上留名。而整段歷史完全消失，直到再度開始記錄的「空白的一百年」之間，無巧不巧地，世界政府就誕生於這一百年結束之際。根據這樣的事實，歐哈拉的學者們才會推導出這樣的假設：**「如果那些『被滅亡的人們』的『敵人』就是目前的『世界政府』，那麼『空白的一百年』……就有可能是由『世界政府』親手抹滅的一段對自己不利的歷史！」**（第41集第395話）

至於遭到滅亡，甚至連存在過的資訊都被隱瞞起來的，就是在爭戰中敗北的「某個巨大王國」，覺悟到失敗的他們，為了把真相流傳下去而刻在石頭上的內容便是「歷史本文」——這是克洛巴博士的論點。若他的論述正確，便可以說明一個狀況，就是身為贏家且將真相扭曲成對自己有利的世界政府，相當害怕「某個巨大王國」的**「存在」**與**「思想」**被證實，因此才禁止「歷史本文」的研究。

## ▼以正義為名，逐一毀滅那些接近真相的國家

克洛巴博士以說服力十足的理論，發表了對於「空白的一百年」的見解，甚至引發五老星的緊張，可以說是世界政府最大的威脅吧。「某個巨

大王國」是證明歷史真相的關鍵，正當博士要喊出那個王國名稱的瞬間，就被CP9的斯帕達因長官射出的子彈給擊倒。

在熊熊燃燒的全知之樹裡嚥下最後一口氣的克洛巴博士，儘管終究還是沒能親口說出王國的名稱，但根據他的說法，可以推測「某個巨大王國」是個與世界政府對立卻敗北的國家。聽了他所說的話而顯露出慌亂反應的政府，讓這番推論得出的臆測更增添了幾分真實性。

世界政府隱瞞了成立初期不可告人的陰暗面，強制性地毀掉對自己不利的存在，並貫徹此一方針，就像把「某個巨大王國」破壞得不留痕跡般，從他們傾全力要燒毀歐哈拉，也看得出來這種作風。因此，說不定還有其他國家也同樣被政府暗中毀滅。

此外，世界上唯一能夠解讀古代文字的羅賓，被政府稱為**「惡魔之子」**，卻被想打倒政府的革命軍稱為**「革命燈火」**的理由，或許也是因為她是能夠證明「某個巨大王國」存在——這個世界政府黑暗面的人物吧。

# 王國有參考的原型？與夢幻亞特蘭提斯的相似之處

## ▼古希臘哲學家柏拉圖所追尋的傳說之島——亞特蘭提斯

在《航海王》作品中有許多風格各異的島嶼和城市登場，根據作者尾田栄一郎老師公開發表的內容，其中不少城市和島嶼是有其參考原型的。

其中最具代表性的，包括以水都**「威尼斯」**為原型的**「水之七島」**、參考中國建築物的**「亞馬遜百合」**，還有科爾波山北部的**「不確定之物品的終點站」（灰色車站）**也是以菲律賓馬尼拉的**「煙山」**為原型。不只島嶼和城鎮，就連布魯克飄蕩的**「魔幻三角地帶」**也是參考自經常發生飛機、船隻失蹤事件的北大西洋**「百慕達三角」**。就像這樣，在《航海王》世界中登場的許多地方都有其參考原型，讓人與現實世界產生連結感，未來如果再出現以什麼為參考的島嶼或人物設定，也就沒什麼好奇怪的了。

乍聞**「某個巨大王國」**這樣的用詞，應該會有不少人聯想到傳說中消失的島嶼**「亞特蘭提斯」**吧。據說亞特蘭提斯是在西元前9560年左右實際存在過的繁盛**「王國」**，它位於西班牙與摩洛哥之間的直布羅陀海峽附近，是大得足以被稱為**「大陸」**的**「島嶼」**。

根據古希臘哲學家柏拉圖的著作所述，當時的亞特蘭提斯仰仗著強大的軍事力量，打算掌握世界政權，於是以地中海為中心將歐洲及北非各國都納入統治之下。但以**「古雅典」（希臘首都雅典的古名）**為總指揮的希臘城邦國家認為**「正義就是讓人類幸福」**，因此團結起來阻擋亞特蘭提斯的野心。

兩個國家各持理念，發生激烈的爭戰，因而觸怒了宙斯，對他們降下懲罰，引發異常的地震與洪水，導致古雅典軍全滅，亞特蘭提斯則是整座島都被海水給淹沒。甚至還有記載，由於島嶼沉沒的地方造成泥沙淤積，因此船隻都無法靠近。

## ▼徹底比較「某個巨大王國」與消失之島「亞特蘭提斯」！

接下來把話題拉回《航海王》的世界吧。根據克洛巴博士的假說，「某個巨大王國」很可能是被世界政府的前身所毀滅。同樣地，根據柏拉圖的說法，**「亞特蘭提斯」**也是跟對立的**「古雅典」**爭戰，因而遭受神明降下的懲罰，結果才從這個世界上消失。

從這些不太像是巧合的共通點來觀察，「某個巨大王國」以亞特蘭提斯為原型、世界政府以古雅典為原型來創作的可能性應該不低。如果真是如此，那麼在「空白的一百年」那段約九百到八百年前的時間，兩個國家之間爆發大型的戰爭，殘存下來的贏家**「20個國王」**（第51集第497話）創立了世界政府；另一方面，戰敗國「某個巨大王國」被世界政府視為相當不利的存在，於是被葬送在歷史的黑暗中——克洛巴博士這樣的假說基於這些參考原型而更加有說服力了。

不過，由於是上天的懲罰，因此古雅典也跟亞特蘭提斯一樣遭受極大的損害。殘存的紀錄顯示古雅典過去曾數度遭到洪水侵襲，因此存活下來的大多是住在山區地帶那些沒有知識的人。兩相對照之下，毀滅「某個巨大王國」而存活下來的二十位國王，換個角度來看或許就是指那些沒有知識的人。

那麼，就如同沉入海底的亞特蘭提斯，讓人不免聯想到「某個巨大王國」真的徹底滅亡了嗎？關於這部分還有一個有趣的連結。據說亞特蘭提斯盛產一種名為**「山銅」**的夢幻金屬。從「某個巨大王國」與亞特蘭提斯的相似之處來看，這不正是目前仍充滿謎團的礦物**「歷史本文」**的原型嗎？

與**「世界政府的前身」**作戰且極可能敗戰的「某個巨大王國」，在只有他們國家才有的特別礦石上，留下任何人都無法破壞的真相訊息，應該是想將自己國家的**「存在與思想」**交託給未來吧。也就是說，為了不讓世界政府找到「歷史本文」，「某個巨大王國」的倖存者將之分散到各地；或者也可能是因為無法破壞，所以由世界政府親手將之分散，才會分布在世界各地。從這點來看，「歷史本文」絕對無法破壞，以及散布在世界各地的理由，似乎也得到了解釋。

# 世界還很和平的時代？「空白的一百年」之前的歷史

## ▼在九百至八百年前歷史消失之前的世界局勢

在**「空白的一百年」**之前已經明朗化的最古老歷史，是大約五千年前的**「全知之樹在歐哈拉誕生」**。接著就是大約四千年前**「建造阿爾巴那宮殿」**，然後是約一千一百年前**「古代都市香朵拉繁榮時期」**，大概就只有這些資訊而已。

從這麼稀少的情報中能看得出來的，就只有三個國家同樣都擁有**「歷史本文」**這一點。其中包括記載古代兵器**「冥王」**位置的**「阿拉巴斯坦」**，以及記載古代兵器**「海神」**位置的**「香朵拉」**的「歷史本文」，由各自的負責人代代相傳地加以**「守護」**。

令人在意的一點是，相對於阿爾巴那宮殿建造於四千年前，現任國王自稱是第十二代國王。在四千年之內只傳承了十二代，似乎是有點太少。

莫非阿拉巴斯坦過去曾面臨不得不重建國家的狀況嗎？這時讓人首先想到的，就是包含阿拉巴斯坦國王在內，二十位國王毀滅了**「某個巨大王國」**的那段「空白的一百年」期間。當時，取得勝利且倖存下來的國王們帶著族人前往**「馬力喬亞」**，只有阿拉巴斯坦國王留在地上，這是已知的部分。或許是以此為契機，由新的國王來統治也說不定。同樣守護著「歷史本文」的香朵拉，也是在大約八百年前滅亡，由此推想，兩個國家同樣在「空白的一百年」期間進入新時期，這種可能性也不容否定。

這麼一來，果然還是跟消滅「某個巨大王國」的世界政府有關吧。**「雖然現在已經消失得無影無蹤」**（第41集第395話），從這個訊息看來，「某個巨大王國」就是阿拉巴斯坦的可能性雖然極低，但還是有可能是被沖到空中的香朵拉。**「關於那個國家的情報，卻被抹滅得一乾二淨。」**（第41集第395話）從上述這個訊息，以及在香朵拉發現古代文字的羅賓所說的這段話：**「鎮上的書籍全部被焚燒殆盡……都市的歷史也幾乎是完全斷絕！」**（第29集第272話）兩者之間似乎是有關聯的。

## ▼目前還無法清楚掌握「空白的一百年」之前的世界地理位置？

在《航海王》的世界裡，有能收發聲音及影像的**「電話蟲」**、儲存味道及火焰後排出的**「貝」**，以及利用泡泡在空中行走的**「泡泡腳踏車」**等相當獨特的工具。可是，基本上《航海王》是以大航海時代為背景，從生活模式及船隻機能給人的印象來判斷，這個世界的科學並沒有特別發達。

四百年前蒙布朗．諾蘭德搭乘的船隻是**「探險船」**，從他是個植物學家，並被描述成**「探險家」**這點來看，可以推測在那個時間點世界地理仍不甚明朗。事實上，諾蘭德的探險船並非一開始就以加亞島為目標，而是在差點遇難之際，聽到不知道從何處傳來的鐘聲幫助之下，才偶然抵達加亞島。

此外，船員所說的這段話：**「他專門到世界各地……尋找沒有人到過的島嶼……發掘新品種的植物，加以研究。」**（第31集第288話）表示那是個世界上還有許多未開發島嶼的時代。至於原因，我們可以猜測或許是航海術尚未發達等各種理由，但若連四百年前都有那麼多未知之謎，那在「空白的一百年」之前，也就是超過九百年之前的狀況，就更不用說了。

在島與島之間連交易都不能隨心所欲的時代，或許在製作各島地圖上沒有問題，但要繪製世界地圖的話就不一樣了。若不知道島嶼之間的位置關係，就很難製作出世界地圖。而世界沒有相連的話，就表示無論世界政府擁有多麼大的權力，還是有無法完全掌控的島嶼。也就是說，在廣大海洋的某處，可能就有一座島嶼躲過了世界政府的監視，一直保留著關於「空白的一百年」的資訊。

可是反過來說，如果只有世界政府握有世界地圖的話，就很有可能在無人知曉的情況下，依照自己的意思對世界進行加工。事實上，在我們所生活的真實世界裡，為了對誰有利而抹去歷史，並假造一段新的歷史，使其看起來好像真實發生過一樣，這樣的例子也不算少見。

因此，說不定在比**「空白的一百年」**還要更早的那個世界，跟被**「紅土大陸」**及**「偉大的航路」**分割成四大塊的現在，是完全不同的樣貌。

# 有誰知道「空白的一百年」發生的所有真相？

## ▼羅傑海賊團副船長別具深意的一番話

關於**「空白的一百年」**，我們可以看到的似乎只有部分的模糊輪廓，至於全貌則過於龐大，目前仍無從得知。那麼在這部作品中究竟有多少人已經知道歷史的全貌呢？

不用說，解讀的關鍵就在於**「歷史本文」**。目前世界上唯一能夠解讀古代文字的羅賓，在詢問曾於海賊王船上擔任副船長的席爾巴斯·雷利那一幕中，就曾出現以下的對話——

**「你們知道始於九百年前的『空白的一百年』……這個世界到底發生了什麼事情嗎？」**（第52集第507話）

雷利回答：**「我們知道……我們知道歷史的一切……」**（第52集第507話）既然他如此回答，表示當時在同一艘船上當見習生的傑克與巴其，說不定也知道一些與「空白的一百年」相關的訊息。

相對於此，世界政府方面又是如何呢？從與克洛巴博士的對話內容來判斷，五老星似乎全盤知曉，至於元帥、上將等海軍高層和天龍人究竟掌握了多少訊息，則是未知數。

就像他們把**「正義」**兩字寫在衣服背面一樣，守護民眾免於所有危險的確實是**「海軍」**，意即**「世界政府」**。然而從**「某個巨大王國」**的毀滅，以及世界政府誕生的時機點來看，將王國滅絕的很有可能就是**「世界政府的前身」**。

甚至在頂點戰爭的時候，唐吉訶德．多佛朗明哥也說過別有深意的一番話：**「海賊是邪惡？海軍是正義？這種事實已經被改寫過好幾次了！」「站在頂點的人能夠改變善惡！」「因為只有贏家……才是正義！」**（皆出自第57集第556話）

那麼我們是不是也可以換個說法——

**「只有獲勝並站在頂點的世界政府才是正義！」**

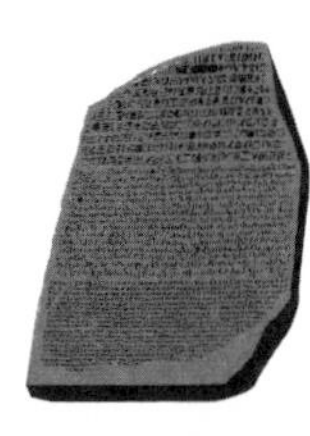

# 毀滅世界的古代兵器過去曾用於戰爭上嗎？

## ▼海賊及世界政府拚了命尋找的古代兵器所在地

《航海王》中登場的三件古代兵器都是以神為名，分別是冥王、海神、天空之神。其中已經知道海神就是可以跟海王類心靈相通的人魚公主，冥王則是水之七島製造的戰艦。至於天空之神，除了名稱之外，並沒有其他相關訊息。

關於古代兵器，艾斯巴古曾說過一段很重要的話：「（湯姆先生）**拋棄了一切，將『設計圖』交給能活在未來的我們……至少在那個名叫妮可·羅賓的女人……還存在著能讓實際存在的『兵器』復活的危險解除前，這個世界，就必須存在著足以對抗她的『反抗勢力』！**」（第38集第358話）於是佛朗基便從艾斯巴古那兒得到了湯姆傳承下來的冥王「設計圖」。而克洛克達爾也說過：「**看寇布拉的反應就知道，『冥王』這東西確實是存**

**在的！」**（第22集第203話）從這段話看來，可以推測冥王很可能以兩種形式存在著，一是靠「設計圖」重現的形式，一是實際存在的形式。

尋找古代兵器的人，包括了克洛克達爾等海賊，以及世界政府。克洛克達爾的目的是建立一個軍事國家。至於世界政府採取行動的名義，則是為了防止古代兵器落入某些人手中，威脅世界和平。事實上，似乎也有人抱持這樣的意見：**「我們要持有『古代兵器』，並且終結大海賊時代！」**（第37集第355話）

到目前為止，並沒有非常清楚地描述在過去的戰爭中投入古代兵器所帶來的歷史與傷痕。不過話說回來，古代兵器擁有只要一發就能消滅一座島的威力，如果真有人使用，所有的痕跡也早就被抹除得一乾二淨了，因此找不到證據似乎也不足為奇。若是如此，古代兵器可以說是最適合**「抹去歷史」**的軍事力量吧。

# 世界政府的目的就是將世界之海分成四個部分?!

### ▼無法來去自如的《航海王》世界的海域

在《航海王》的舞臺中，名為**「紅土大陸」**的連續大陸環繞世界一圈，將世界分成了兩大區塊。而與「紅土大陸」垂直的海路則名為**「偉大的航路」**，同樣也是環繞世界一圈，與「紅土大陸」有兩次交錯。世界被這兩條線分割為四個部分，分別命名為**「東方藍」**、**「西方藍」**、**「南方藍」**、**「北方藍」**。

「偉大的航路」兩側名為**「無風地帶」**，是沒有風的海域，同樣也是繞世界一圈，是大型**「海王類」**聚集生長的巢穴。在地理位置上，只要直接穿越「無風地帶」，就能夠進入「偉大的航路」，但一般船隻無法和大型海王類相抗衡，所以是個很不實際的選擇。

不過，海軍軍艦將如同**「固體型態的海」**的**「海樓石」**布滿船底，這樣便可以不讓海王類察覺到地安然通過「無風地帶」。另一個例外則是九蛇海賊團的船，用連海王類都不敢攻擊的毒海蛇拖曳船隻，因此能夠橫渡海王類的巢穴且沒有風的「無風地帶」。

在世界處於如此特別的情況之下，要由東南西北四個海域進入「偉大的航路」，最常見的方式就是通過跟「紅土大陸」交錯的兩個交接點之一——**「顛倒山」**。順帶一提，另一個交接點的頂端矗立著**「聖地馬力喬亞」**，海底則是貫穿「紅土大陸」的洞穴及**「魚人島」**的所在之處。要穿越這裡只有兩個選擇，一是獲得世界政府的許可而通過馬力喬亞，一是將船隻上膜後從海底進入。但是海賊不可能獲得政府的許可，因此只剩下後者的選項。

而這個地點剛好位於「偉大的航路」的中間點，在此之前的海域稱為**「偉大的航路前半段」**，之後的海域則名為**「新世界」**。

## ▼穿越「無風地帶」的哲普&飛越「紅土大陸」的拉菲特

艾斯離開「新世界」去追蹤**「黑鬍子」**馬歇爾．D．汀奇，羅拉是「新世界」出身卻待在**「恐怖三桅帆船」**，從他們這些行動來看，「偉大的航路」應該是可以逆行的。

但是，在「偉大的航路」上航行了一年後又回到東方藍的哲普，以及來自西方藍卻待在東方藍**「佛夏村」**的傑克，又是如何從這片海域前往另一片海域的呢？

蒙布朗．諾蘭德從北方藍**「盧布尼爾王國」**抵達「偉大的航路」的**「加亞島」**，再回到盧布尼爾王國，當他從加亞島啟航時，還大聲號令：**「朝馬力喬亞的方向航行！到那邊後再轉往『北方藍』！我們要回故鄉盧布尼爾王國！」**（第31集第291話）由於他們不是海賊，而是獲得政府許可的探險隊，才能從馬力喬亞離開「偉大的航路」吧。就像顛倒山聚集了四個海域的海流那樣，馬力喬亞或許也有通往四個海域的海路。

四個海域的交會處除了馬力喬亞之外，就只有顛倒山了。考量到顛倒山無法逆行，那麼可以通行的路除了越過「無風地帶」之外別無他法。就像頂點戰爭時改裝過的白鬍子海賊船從海中現身那樣，或許有方法可以從海底路線通過「無風地帶」，當然也可以推測「新世界」同樣有潛逃路徑可以離開「偉大的航路」，不過這些目前仍是謎團。

關於穿越「紅土大陸」，黑鬍子海賊團拉菲特的行動便成了重要的提示。為了推薦黑鬍子成為王下七武海，他出現在「紅土大陸」頂端的聖地馬力喬亞時，確實讓人大吃一驚，後來在**「推進城」**再度登場時，可以確認他擁有巨大的翅膀。所以拉菲特是能夠飛上天空的能力者嗎？

**「全世界只有五種的『飛行能力』」**（第19集第169話），從貝爾如此肯定的語氣來看，可知飛行能力非常罕見。在《航海王》的世界中，大部分都被海所覆蓋，統治海的海軍擁有極大的支配權，或許**「天空」**出乎意料地缺乏防備呢。

## ▼因為世界分成四大區塊而獲益的人和處境艱難的人

就如同東方藍被說成是**「最弱」**那樣，四個海域的危險程度各有不同。不過，並沒有像在各國可見的**「身分差異」**那般出現歧視的狀況。每個海域都有人生活著，也都有海賊出生。也就是說，儘管會因為出生的家庭不同而有身分上的差異，但基本上似乎不會因為出身的海域而受到歧視。

如果有人會因為世界被分割成四個海域而獲益或受害，那麼又分別是哪些人會受到影響呢？

假設世界沒有分割成四個海域的話，應該會更加自由開放。這麼一來，那些擁有無論如何都必須保守的**「祕密」**之人應該會很傷腦筋吧。換句話說，對於擁有不可告人祕密的那些人來說，海域被分割是非常有利的地理形勢。

相反地，會因此而導致處境更加艱困的，就是想要揭發真相的那些人吧。說到**「想揭發真相的人」**，就讓人聯想到目前在本系列考察中多次登場的歐哈拉學者們。他們所調查的真相，就是記載在**「歷史本文」**上**「空白的一百年」**所發生的事。針對這個部分，世界政府似乎隱瞞了某些祕密，而且似乎是足以動搖政府根基的重大真相。

如果身為贏家的**「世界政府的前身」**扭曲了歷史，使之對自己有利，那麼為了徹底隱瞞這個祕密，他們應該不只是消滅**「某個巨大王國」**，甚至很可能設立了巨大的防護牆。若是如此，就可以想成是世界政府親手將世界分割成四個海域。

經歷過「空白的一百年」的人，如今恐怕都已經不存在了。畢竟那已經是超過八百年以前所發生的事。這麼說來，真相果然只剩下任何人都無法破壞的礦石上的刻字了。事實上，在「歷史本文」中，也刻著活在空白的一百年間那位名叫**「喬伊波伊」**的人所說的話。

克洛巴博士藉由解讀「歷史本文」，竭盡心力想解開「空白的一百年」的真相，並堅定地貫徹著自己的信念，無論面對多麼龐大的勢力，直到最後都沒有屈服地結束此生。而歐哈拉的倖存者羅賓，彷彿確實地繼承了他的信念。

# 「我還活著啊！」

By　妮可．羅賓（第43集第419話）

Clan of D, Tenryu person and person in a moon

# 第2航路

# D之一族與天龍人，以及月之人

## 「二十位國王」的陰謀論是什麼？

# 種族？意志？名字？究竟「D」所代表的意思是什麼？

## ▼探究擁有「D」之名的九位登場人物，以及他們的血緣關係！

《航海王》的故事剛開始時，村莊少年蒙其・D・魯夫登場之際，名字中的**「D」**並沒有受到特別的關注。可是，隨著擁有「D」之名的人物逐漸增加，我們也知道其意義及相關性對於整部作品來說是非常重要的關鍵字。

到目前為止，名字裡有「D」的登場人物有：哥爾・D・羅傑、蒙其・D・卡普、蒙其・D・多拉格、蒙其・D・魯夫、波特卡斯・D・艾斯、波特卡斯・D・露珠、哈古瓦爾・D・薩烏羅、馬歇爾・D・汀奇、托拉法爾加・D・瓦特爾・羅，合計九人。其中已經確認有血緣關係的包括魯夫的父親是多拉格、祖父是卡普，此外就是羅傑與露珠生下了艾斯，僅有這幾位而已。

儘管故事中描述艾斯與魯夫情同兄弟，但艾斯的父親是羅傑，魯夫的父親則是多拉格，兩人之間並無血緣關係，只是被卡普一起託付給達坦，是喝過兄弟結拜酒的結拜兄弟，這是已確認的事實。再從巨人族薩烏羅的名字同樣有「D」來看，這應該不是表示血緣關係的中間名。

此外，白鬍子回想起年輕時跟羅傑談過關於「D」的話題時，曾說：**「即使斬斷『血緣』，他們的火焰還是不會熄滅……」**（第59集第576話）這段話似乎在暗示著「D」是超越血緣而傳承的**「某種事物」**。

而且，「D」似乎也不單純只是名字剛好一樣。青雉曾小聲地嘀咕：**「唉……這一族的傢伙就是這麼麻煩……」**（第32集第303話）戰國也說過：**「又是那小子啊……怎麼老是惹是生非……那個家族的血統到底是怎麼搞的？」**（第52集第504話）**「『D』……他的背景到底是……」**（第57集第552話）看來對這個字眼的反應相當敏感。連世界政府最高權力者**「五老星」**也感嘆地說過：**「每次最麻煩的人物都是D……波特卡斯也是……他們的名字似乎讓太多人知道了……」**（第60集第594話）似乎害怕「D」之名在世界上傳播開來。

對於世界政府而言，「D」果然是非常不利且亟欲隱藏的名字吧？羅傑也說過這樣的話：**「你知道最近政府的人怎麼稱呼我嗎？他們叫我『黃金・羅傑』。不對！我是『哥爾・D・羅傑』！」**（第59集第576話）或許這就是政府怕「D」之名為世人所知而採取的策略。

## ▼既非血緣也非種族，「D」從遠古以前所繼承的「某事物」

到目前為止的考察中，**「對世界政府而言不利的事物」**，應該就是出現了好幾次的**「某個巨大王國」**和**「空白的一百年」**的相關情報吧。

因此我們可以推測，世界政府之所以稱**「哥爾・D・羅傑」**為**「黃金・羅傑」**，恐怕也是因為「D」可能是揭露「某個巨大王國」和「空白的一百年」真相的提示。

與「某個巨大王國」和「空白的一百年」有關，而且是**「超越血緣而傳承的某事物」**……從這些關鍵字可以聯想到的，就是**「歐哈拉」**的學者們所探究的**「存在」**與**「思想」**了。

在頂點戰爭時，白鬍子對著面前的黑鬍子直截了當地說：**「絕對不是你……汀奇……羅傑在等的男人……絕對不是你！」**（第59集第576話）這是否意味著擁有「D」之名的人之間，也存在著某些差異呢？白鬍子從應該知道關於「D」之祕密的羅傑那邊，聽說了「D」是什麼，因此他所說的話可能是很接近核心的。

若真是如此，我們也可以猜測，「D」可能是繼承「某個巨大王國」的**「思想」**、被選上的某部分人所獲得的稱號，或是為了顯示他們被授與特定的能力而留下來的名號。

那麼，羅傑所等待的男人又是什麼樣的人物呢？**「他們到底是不是我們在等待的海賊呢？他給人一股很不可思議的感覺。你覺得呢？羅傑……」**（第12集第105話）從在羅傑船上擔任船醫的可樂克斯所說的話中，可以明顯聽出羅傑似乎在等待著誰。再加上白鬍子所說的這段話：**「就像有人繼承羅傑的意志那樣……總有一天，也會有個人來繼承艾斯的意志……即使斬斷『血緣』，他們的火焰還是不會熄滅……」**（第59集第576話）看來他在等待的極可能是擁有「D」之名的人。

# 「D之一族」與「天龍人」原本是同一種族?!

## ▼祖先是二十位國王的天龍人，以及目前根源不明的D之一族

大約在**「空白的一百年」**結束之後的八百年前，**「二十位國王」**建立了**「世界政府」**。他們的後裔如今被稱為**「世界貴族」**或**「天龍人」**，獲得世界政府所賦予的絕對權力（只有阿拉巴斯坦國王沒有前往馬力喬亞，而是留在自己的國家）。此外，他們會給奴隸烙下名為**「飛天龍之蹄」**的天龍人紋章，將奴隸視為比人類還不如的存在。像留在波雅．漢考克她們背上的烙印，至今就仍未消失。

**「長久以來的時光，讓他們的權力失控了……」**（第51集第497話）正如帕帕克所說，那些行為真的非常目中無人。**「你們要答應我，不管城鎮裡發生什麼事，都不要去忤逆『世界貴族』！」**（第51集第496話）就像小八所說的那樣，不去忤逆他們似乎是這個世界的鐵則。

相對於已經確定祖先是誰的天龍人，**「D之一族」**到目前為止仍存在著許多謎團。如果他們就是對政府而言不利的存在，那麼他們是**「某個巨大王國」**後裔的可能性就浮現了。

換句話說，他們就是**「可以讓消失歷史的真相重現的人」**。

然而，就表現出來的行為舉止來看，魯夫應該並不知道「空白的一百年」所發生的事。既然如此，**「D的意志」**就不是可以代代相傳的知識，那麼，會是以特殊能力的方式一脈相傳的某種事物嗎？

舉例來說，會不會是**「霸王色霸氣」**之類的呢？擁有**「D」**之名的艾斯，從小就展現出這方面的本事，而魯夫的這項能力也在戰鬥時覺醒了。可是，目前我們確定了教魯夫控制霸氣的雷利、王下七五海的漢考克、四皇的白鬍子及傑克也都會使用霸王色霸氣。因此不能說霸王色霸氣是只有「D」獨有的特殊能力。

此外，如果D之一族是「某個巨大王國」的後裔，姑且不論身為海賊的羅傑、艾斯、魯夫與黑鬍子，應該是處於敵對立場的世界政府這一方，也有同為「D」之名的卡普及薩烏羅，這點也讓人存疑。

## ▼爭端並不是近期才發生，而是遠在八百年以前就發生了！

如果世界政府的前身與D之一族在過去曾經發生戰爭，原因又會是什麼呢？從現在所呈現的結果來推測其目的，世界政府的前身應該是打算以**「正義」**之名來統一世界，為世界帶來秩序與和平。

相對於此，D之一族的**「思想」**若是與此理念相反，那麼可能就是**「獨裁地統治世界」**，或是**「不受任何拘束地自由生活」**這樣的思想。

無論如何，只要世界政府想達成目標，D之一族就是相當礙眼的存在，因此才會把他們抹消得不留一點痕跡吧。或許正如多佛朗明哥在**「馬林福特」**頂點戰爭時所說的，存活下來的贏家才是正義，還能獲得重新改寫事實的權力，創造往後的時代。

應該只需一百年的時間就能夠隱瞞過去，讓歷史有個全新的開始吧。如果這就是「空白的一百年」，那麼所有紀錄被消除也就不難理解了。

而且別忘了，雙方之間的爭端是在至少八百年以前所發生的事。

被二十位國王追殺的D之一族，想要把放在名字裡的思想一代一代地傳遞下去，應該不是件容易的事。因此現在擁有「D」之名的人不清楚自己名字裡的思想或意義，也就不足為奇了。

其中一個例子就是原本是海軍的薩烏羅。關於「D」，他是這麼說的：**「我也不是很清楚，但是我家人的名字裡都有這個字。」**（第41集第392話）若是如此，似乎就能說明思想已經根絕而只留下名字的D之一族，分別居於世界政府及海賊兩方的情況。

我們還可以再進一步地思考「D」分別處於海軍及海賊兩方的理由。假設**「世界政府的前身」**與「某個巨大王國」原本就是同一個國家，那又會如何呢？即使是同一個國家，也經常發生因為思想不同而出現爭端的情況。也就是說，內部分裂的可能性是存在的。

# 創立世界政府的「二十位國王」的陰謀論是什麼？

## ▼「二十位國王」是基於什麼契機而圖謀內亂並獨立的呢？

在前一篇中，我們假設D之一族會分別處於世界政府及海賊兩個敵對組織的理由，是因為同一個國家內部分裂所導致。

而對立的原因，可以想到的大概就是「**由於想法不同而導致對立**」、「**被苛待的一方掀起叛變**」、「**突如其來地叛變並進行恐怖行動**」等等。接下來我們就來分別檢視每一種可能性吧。

首先，「**由於想法不同而導致對立**」，正如前面所述，是各自的理念出現了差異。就像世界政府的前身組織追求「**權力**」，而D之一族追求「**自由**」那樣，說不定就是因為各自所追求的目標不同而導致的結果。

接著是「**被苛待的一方掀起叛變**」的可能性。可以推測出以下兩種模式，第一個可能是被苛待的「**二十位國王**」揭竿反抗D之一族，最後取得勝利；另一個可能則是被苛待的D之一族打算叛變，卻被「二十位國王」給鎮壓下來。

無論是何者，贏家應該都是後來創立了世界政府的「二十位國王」。

接著我們也來探究一下**「突如其來地叛變並進行恐怖行動」**這條線吧。也就是之前完全沒有任何紛爭的徵兆，卻出其不意地出現了叛亂分子，於是在還搞不清楚狀況下就被奪走政權的可能性。

為達目的不擇手段，這種行為可以說是出於恐怖分子的思想。看到世界政府對歐哈拉動用**「非常召集」**這類的手段，展現出冷酷無情的一面，便難以否定這個假設的可能性。

無論是納粹德國的希特勒，或是利比亞的格達費，這些手握強大權力的統治者，其慾望很容易引領他們走向獨裁國家這樣的結果。像這種現實世界經常可見的情況，或許就是世界政府的前身與D之一族鬥爭的參考原型。

## ▼「二十位國王」的戰力究竟到達什麼程度呢？

**「空白的一百年」**之間到底發生過什麼事，目前還隱藏在深層的暗處之中。但無論有過什麼樣的權力鬥爭，世界政府是「空白的一百年」最後的贏家，並且在歷史留名，這個事實是不變的。那麼，他們的戰力究竟到達什麼程度呢？

他們所擁有的戰力至少要足以毀滅一個國家，並且能夠隱瞞所有不利於自己的事實。可是，從「二十位國王」的直系子孫，也就是現在的天龍人身上，我們看不到這種壓倒性的力量或是特殊的能力。不過這也可能是因為天龍人墮落的關係，所以先不列入比較的條件。

此外，被揭露原本是天龍人的多佛朗明哥與羅希南特兩人，似乎也不是天生就擁有強大的戰鬥力，而是經歷不斷地戰鬥，又獲得惡魔果實之後才得到力量。

當足以相抗衡的兩邊戰力正面衝突時，運氣就可能會影響成敗。可是一旦有了捨棄安穩生活的覺悟，為了追求自己的理想而發動政變，應該要有一定程度的勝算才會付諸行動吧。若是如此，對天龍人的祖先來說，為了確實取得勝利，**「他人的協助」**和**「強大的武器」**就是必要且不可或缺的。

足以破壞一個國家的戰力——乍聽之下，會聯想到的自然就是古代兵器**「冥王」**了。要消滅巨大的王國並不是那麼簡單的事，可若是擁有能震撼世界的強大兵器，那就另當別論了。

但如果是這樣的話，「二十位國王」的後裔天龍人所控制的世界政府，卻還在尋找古代兵器冥王的蹤跡，這就顯得有點怪異了。難道在跟**「某個巨大王國」**作戰之後，他們就遺失了冥王嗎？

說不定與引進可怕古代兵器的「二十位國王」作戰的D之一族，將這個兵器破壞到無法再度使用，或者是強行奪走並藏起來。這麼一來，就可以說明為什麼世界政府及海賊雙方都有以「D」為名的人，以及世界政府為何要尋找古代兵器了。

這套理論僅僅是在假設的基礎之上加諸另一項假設，要做出結論還言之過早，不過，「二十位國王」以及「某個巨大王國」之間有著相當深的淵源，這點是毋庸置疑的。

# 「D之一族」是「某個巨大王國」的王族？

## ▼因為有能力才成為國王？還是因為成為國王才擁有能力？

與「二十位國王」對立的D之一族，吃了大敗仗而消失在歷史之中。

如今存活下來的D之一族四散各地，而且包括魯夫在內，大多數擁有D之名的人都沒有特別意識到D，這是目前為止已知的事。此外，擁有某名稱的一族倖存下來，至今仍有所羈絆這點也是事實。

想來應該是已經知道會落敗的一族中，有部分人士祕密地成功逃脫了吧。一般而言，得以逃脫的應該是在族中地位特別高的人。就像過去許多領袖一樣，他們肯定也擁有可以成為領袖的特殊能力吧。或許單純是指優秀的領導能力，也或許是具備了難以想像的特殊能力。無論如何，一定是活著能夠傳承血脈或知識的有價值之人，才得以優先逃跑並倖存下來，最後就成了現在相互連結的「D之一族」。

那麼，現在的D所繼承的能力到底是什麼呢？話說回來，他們真的擁有特別的能力嗎？

這點可以從某個有D之名的人的行動看出一些端倪。那就是海賊王哥爾・D・羅傑。

## ▼繼承一族能力的人？哥爾・D・羅傑刻下的古代文字！

世界上可以解讀古代文字的應該只有羅賓一個人，但在香朵拉的遺跡裡，有著以古代文字刻下的哥爾・D・羅傑的名字，以及他所留下的訊息。針對這一點，羅賓向雷利提問時，他說：**「羅傑並非能夠解讀那種文字。」「但是他……能夠聽到『萬物』的聲音……就只是這樣而已。」**（第52集第507話）

可以聽見萬物的聲音，還可以寫下古代文字，這兩者之間的關聯雖然還不明朗，但可以知道的是，羅傑擁有可以在「歷史本文」的石頭上刻下文字的能力。

刻著「歷史本文」的石頭，是**「想炸掉它，但是卻完全傷不了它」**（第41集第395話）的特殊礦石。根據歐哈拉的克洛巴博士的說法，過去在這種礦石上刻下「歷史本文」的人，**「他們早就知道自己會敗給……後來稱為**

**『世界政府』的聯合國。」**（第41集第395話）這裡的「他們」，指的就是博士他們研究「空白的一百年」之後浮出檯面的「某個巨大王國」的人們。

羅傑與滅亡的「他們」擁有相同的能力……這樣的事實，在相隔漫長歲月的兩邊之間呈現出確實的關聯，亦即他們同樣都是「D之一族」這樣的關聯。

「歷史本文」是過去「D之一族」所刻下的，他們在上面記載了從「二十位國王」那裡奪來的古代兵器所在地，以及真正的歷史。接著將這些礦石分散到世界各地，在任何人都無法傷害、破壞它們的情況下，擁有D之名的羅傑卻能在上面刻下新的文字。

進一步地說，這個刻下「歷史本文」的能力，應該就是過去「D之一族」所擁有，賭上性命與現今產生連結的能力吧。

擁有D之名的人是否全都擁有相同的能力，這點目前還不明朗。如果在D之中也只有部分的人繼承到這種能力的話，那麼白鬍子對黑鬍子說：**「絕對不是你……汀奇……羅傑在等的男人……絕對不是你！」**（第59集第576話）這句話的意思也就能夠理解了。

要怎麼在無法破壞的礦石上刻下文字，具體的方法我們還不知道，但如果跟羅傑另一個能力**「聽得見萬物的聲音」**有關聯的話，那麼能聽見只有人魚聽得到的海王類聲音的魯夫，說不定也蘊藏了那種力量。

到目前為止，我們還不曉得「D」之名跟能力是如何傳承的。考量到「D」與人種、血緣並無關聯，因此這種能力的發動條件和實際型態也仍然未知。

不過，假設「歷史本文」是由D之一族所刻的，就進一步顯示了其他的可能性。因為他們用來刻成「歷史本文」的古代文字，在作品中的其他場景也出現了極為相似的文字……

# 扉頁圖中意想不到的伏筆，此處登場的月之人是什麼？

## ▼短期集中封面連載衍生出的許多重要小故事

《航海王》每一話的標題頁上都會有扉頁圖。如果是一般的漫畫，扉頁圖會是與故事本身沒什麼關係的獨立畫面，但《航海王》則會畫一些故事本篇中沒辦法畫進去的背後故事，有時也會畫一些過去曾出現的角色現在的情況，而比本篇還早讓新角色登場的情況也不少。而且在扉頁圖中出現的角色，有時候會在讀者都遺忘時忽然回到故事本篇，因此若將之視為一般單純的扉頁圖而跳過不看，就會遺漏重大的線索。

接下來，我們來看看幾個具有代表性的例子。

首先是從第4集第35話開始的短期集中封面連載第一彈**「巴其海賊團冒險記」**，描繪了被魯夫打飛的巴其在海上遇到亞爾麗塔，接著取回身體的部分之後，再度組成海賊團的一連串過程。本以為這樣就結束了，後來巴其與亞爾麗塔又雙雙出現在**「羅格鎮」**，跟魯夫再度碰了面。

第10集第83話開始的第二彈**「克比與貝魯梅柏的奮鬥日記」**中，描繪了克比與貝魯梅柏加入海軍當雜役，後來被卡普收留之後帶到海軍本部的情形。後來在**「水之七島」**與魯夫重逢時，兩人已經分別升為上士與中士，以成長後的姿態再度登場。

其他還有黑貓海賊團的傑克斯認識了海軍上尉芬布迪加入海軍之後，為了逮捕從**「阿拉巴斯坦」**出航的魯夫等人而再度登場（第14集第126話）。曾經是惡龍旗下幹部的小八，在逃獄之後認識了海咪跟帕帕克，他們在**「夏波帝諸島」**首次於故事本篇登場（第20集第182話開始）。此外，巴洛克華克的成員們四散各地之後，描繪他們後來發展的小故事（第38集第359話開始）也都是扉頁圖的衍生故事。

因此，在針對《航海王》進行考察時，扉頁圖所描繪的衍生故事也具有非常重要的意義。

## ▼艾涅爾在「無限大地」看到的月球古代遺跡與壁畫之謎！

扉頁圖除了講述一些故事本篇中無法交代完全的故事之外，也有不少地方提示了重要的伏筆。其中我們特別推測可能與未來的故事發展有關聯的，就是從第44集第428話開始的第九彈**「艾涅爾的宇宙大作戰」**。

簡單說明一下這系列扉頁圖所講述的故事，艾涅爾離開**「SKYPIEA」**之後降落在**「無限大地」（月球）**上，遇見了過去在當地戰爭中敗北的史培西中尉和挖掘月球地面的宇宙海賊們。艾涅爾單方面對他們發動攻擊，最後在地底下找到古代都市的壁畫。

這裡特別引起我們注意的，就是畫著壁畫的兩張扉頁圖。第一張是第48集第470話的扉頁圖，那是艾涅爾在地底下的古代都市中發現**「壁畫」**並看著它的一幕。扉頁圖的標題是**「看壁畫學習。活在太古時代，擁有翅膀的『月球人』」**。壁畫上確實畫著四種擁有翅膀的人，其中躺在手術檯上的人，外貌與史培西中尉及留在古代遺跡中的那些人一模一樣。

他們就是從古代開始一直住在這塊土地上的**「月之人」**嗎？可是，同樣在**「艾涅爾的宇宙大作戰」**中，也出現了史培西中尉回憶的場景，可以得知他們是月見博士在**「機關島」**所創造出來的。

更進一步接近真相的，就是第49集第472話的扉頁圖，標題是**「月球都市，其名為『比爾卡』。因為資源不足來到藍色星球」**。所謂的**「藍色星球」**，是否就是指被大半海洋所覆蓋的《航海王》世界呢？看起來月亮上的人是為了尋找新的資源，所以不遠千里前往有海的藍色星球。只從壁畫上來看，也可以得知前往藍色星球的，是除了外貌與史培西中尉相似的人之外的其他三個種族。

事實上，與史培西中尉長得一樣的人都沉睡在月球的古代遺跡裡，因為艾涅爾的電擊才醒過來。如果扉頁圖中躺在平臺上的人所接受的手術，跟月見博士所進行的作業相同，那麼就可以推測他們都是藉由月之人的開發技術而誕生的機器人。

這似乎是屬於月球的技術，為什麼會傳到藍色星球呢？關於這一點，或許是前往藍色星球的三個種族月之人，在藍海上推廣了月球的技術，這樣的推測應該是比較合理的。如此一來，月球與藍色星球有一模一樣的機器人，也就不難理解了。

# 月之人的科學技術和歐帕茲有所連結？

## ▼金字塔！納斯卡線！摩艾石像！超越人類智慧的技術與建築物！

事實上，在我們生活的現實世界中也存在著很多目前科學無法解釋的事物，沒有人知道這些是何時、何人、為了什麼目的、用什麼方法創造出來的。

例如被視為古埃及帝王陵墓的**「金字塔」**，除了沒有人知道是如何將那些巨大石塊堆疊上去的之外，還有在內部設置能有效分散加諸在中心部分重量的**「重力分散空間」**等等，這些建築特點以當時的技術和工具來說幾乎是不可能完成的。而在最近的調查中也得知，多數的金字塔群竟然都準確地與獵戶座呈相同的排列方式，這究竟是用了什麼方法，至今仍然成謎。

同樣是世界遺產的**「納斯卡線」**，也充滿諸多謎團。那些巨大的幾何圖形和動物圖形，若非從空中俯瞰根本就無法掌握全貌，到底是怎麼畫出來的？目的是什麼？對於這些疑問仍沒有找到決定性的答案。

此外，**「復活節島」**上獨有的摩艾石像，是在內陸的石雕場製作之後，再沿著海岸線擺放。但問題在於其搬運方法。實在很難想像在地勢不平、什麼都沒有鋪設的道路上，到底是用了什麼樣的方式來運送最大高達二十公尺、重達九十噸的石像。

可能的線索似乎就留存在復活節島獨有的文字——拉帕努伊（Rapa Nui）文字。但由於當時來自歐洲的傳教士摒棄了拉帕努伊文，使得這種語言絕跡，因此未來要解讀也就更加困難了。不過，基於**「摩艾石像是自己走過去的」**這個傳說，有人進行實驗來加以證明，並且實際成功，看來驅使摩艾石像自己「走動」的可能性應該很高。

在這個科學比宗教更讓人信服的現代社會中，一旦有了科學無法解釋的事物出現，往往就會朝失落的超文明或外星人等方面來推測，並將這些事物稱為歐帕茲（OOPARTS，不該在此地出土的加工物）。總而言之，諸如**「神祕文明」**和**「失落的文字」**等等，在我們生活的現實世界裡，能夠與《航海王》產生連結的關鍵字又多了一個。

## ▼從誕生兩名天才的機關島，推導出月之人在地上建立國家之說

儘管目前還無法確立月球上古代都市繁榮的時期，但從他們能夠製作具有自我意志的機器人，也可以在太空中移動這兩點來看，應該是擁有相當發達的科技。

到目前為止，能夠讓我們推測那些種族是前往藍海的描述依據，就只有跟月之人擁有同樣技術的機關島月見博士的那張扉頁圖而已。

在這裡，我們要從本篇故事鮮少提及且資訊極少的機關島，來探究月之人與藍色星球之間的關係。

機關島上似乎有好幾個國家。其中一個國家的名稱，是在佛朗基飛到島上時，由島上的居民所說出來的——

**「這裡是『機關島』……就是天才出生的國度，『未來國巴爾的摩』。」**（第54集第523話）

說到**「巴爾的摩」**，那正是海軍的天才科學家貝卡帕庫博士的祖國。經由他之手被改造成活人武器的巴索羅繆．大熊就說：**「據說他的科學力，已經相當於……人類必須花五百年的時間，才能夠追上的領域！」**（第50集第485話）說不定那都是從月球傳來的知識呢。

在佛朗基所引起的貝卡帕庫研究所爆炸事件中，出現了連巴爾的摩居民也不知道的另一間研究所。由於那裡遺留著**「工作用改造動物」**的設計圖，可以猜測應該是那位月見博士的研究所。看來這座島跟月之人或許真的有某種連結。

那麼，為了尋求資源而前往藍色星球的月之人，是不是就降落在機關島上呢？很可惜的是，關於這部分仍舊有很多疑點。

不過，仔細看看艾涅爾所發現的壁畫，可以看出上面刻的文字和**「歷史本文」**上所刻的古代文字非常相似。這又是怎麼回事呢？

從這不可思議的相似點來看，可以聯想到的就是刻在「歷史本文」上的古代文字，很有可能就是月球文字。如果真是如此，留下「歷史本文」的**「某個巨大王國」**子民，其實就是月之人後裔的這項推測就可以成立了。

說不定降落在藍色星球的月之人，在這裡建立了自己的國家，藉由進步的技術發展成巨大的王國。而之所以能夠在絕不會被破壞的礦石上刻下文字，也是因為有月球技術才能做到吧。

# 「SKYPIEA人」與「香狄亞人」的共通點

## ▼月球上的壁畫清楚描繪出「他們」的祖先！

月之人因資源不足而前往藍色星球、他們擁有人工生命的製造技術、他們與機關島之間有過什麼樣的接觸，甚至他們使用的文字和**「歷史本文」**所使用的文字十分相近等等——艾涅爾發現月球遺跡的那兩張扉頁圖，給了我們無限寬廣的想像空間，以及解開謎團的諸多提示。不過並不僅止於此，月球上的壁畫還描繪著驚人的祕密。

壁畫上描繪著擁有翅膀的四種月之人。首先是跟月見博士製造的機器人很相像的小型種族，接著是頭上有兩根角狀物的種族，第三種是頭上戴著動物形狀帽子的種族，最後則是穿著涼鞋，翅膀形狀與其他三個種族不同的種族。我們逐一將焦點集中在他們身上吧。

第一種矮小的種族，大批地沉睡在月球的古代都市裡，由於艾涅爾所發動的無差別攻擊，剛好幫他們充了電，於是意外地從沉睡中醒過來。從壁畫中可以看到其中一位被開膛剖腹處理內部的情況；此外，月見博士所製造的史培西中尉儘管沒有翅膀，樣貌卻跟他們很相像，從這幾點看來，可以推測經過長眠的他們同樣也是沒有壽命限制的機器人。可能是因為在地上也可以製造，或是總有一天月之人回到月球可以再度啟動他們，所以才把他們留在月球上吧？

接著是頭上長著兩根角狀物且前端呈圓形的種族。這種形狀特殊的突起物，是不是讓人覺得很眼熟呢？沒錯，跟包括柯妮絲在內的SKYPIEA居民們頭上所長的東西非常相似。

同樣地，頭上戴著動物形狀帽子的種族，看起來就像代代都戴著動物造型頭飾的**「香狄亞」**酋長一樣。而且在**「卡爾葛拉」**還住在藍海上的時代，香朵拉的人都擁有翅膀。

最後一個種族的翅膀與其他三個種族不同，而擁有形狀相近翅膀的，就是艾涅爾身邊的四位神官和神兵長大山麾下的五十名神兵。根據甘·福爾的說法，他們滅了故鄉空島**「碧卡」**之後，於八年前出現在SKYPIEA（第

27集第255話），所以祖先應該與柯妮絲他們的不同。順帶一提，聚集在夏波帝諸島的新人海賊之一——來自**「空島」**某處的破戒僧海賊團船長烏魯基，他的翅膀也是同樣的形狀。

從以上這些訊息來看，目前已經確認擁有翅膀的這些人繼承了月之人的血脈，這個可能性是很高的。

## ▼與外界隔離的環境，奇蹟似的保留了月之人的翅膀

首先我們來關注的，就是目前仍擁有翅膀的那些人所生活的環境——SKYPIEA與香朵拉。就像藍海人所說的那樣，一般人並不相信空島的存在。實際上要抵達空島就只有兩條路——搭上**「沖天海流」**或是通過**「HIGH WEST的頂端」**，但這兩條路徑都稱不上容易，因此從藍海前往的人非常少。

若說這情況代表了什麼意義，那就是SKYPIEA人與藍海人幾乎是不可能混血的。那麼在同種族的人彼此結婚並繁衍子孫的情況下，他們應該會保留與遠古祖先相近的外貌。

香朵拉直到四百年前都仍位於藍海，包括大戰士卡爾葛拉在內，從那時候開始，擁有翅膀的人們就已經居住在那裡了。而從都市的存在意義是

為了保護「歷史本文」這點來看，這塊土地**「數百年來……一直堅守著這座島禁止外人擅入的戒律」**（第31集第288話），只要有人接近，他們就會拚了命加以驅除，絕不讓他人踏上這塊土地。如此一來，就跟SKYPIEA一樣，他們幾乎不會與其他種族混血，族內的血統應該都是純正的。

即使被「沖天海流」沖上天空，聖地也被奪走後，他們仍沒有與香狄亞人之外的人進行交流。也因此，至今仍保留著不曾改變的風俗習慣，酋長也一直戴著動物造型的頭飾。

然而，香朵拉在八百年前一度滅亡時，似乎不得不從零開始重建生活模式。其證據就是「歷史本文」所在的黃金都市，以及卡爾葛拉居住時的香朵拉，和瓦夷帕等人現在居住的香朵拉，三者所處生活中心的住所形式完全不一樣。黃金都市內的建築物外觀幾乎都是四方形，而在卡爾葛拉之後的香朵拉，建築物的樣式就沒那麼有稜有角，而全都一樣是帶點圓形。雖然都位於同樣的地方，不過這應該可以當成文化型態出現大幅變動的證據吧。

## ▼由於不斷地與外族混血，在不知不覺間失去翅膀的D

我們推測D之一族的祖先應該跟SKYPIEA和香狄亞人一樣，都是月之人的後裔，他們可能建立了巨大的王國，積極地接受了藍海人或巨人族等其他種族。

由於他們與各個種族交流的機會增加，在不斷地混血之後，血緣也慢慢地變得稀薄。結果就是文化及語言都失去了原有的純度，屬於月之人身體特徵的翅膀在不知不覺間也消失了。這樣一想，魯夫他們身上沒有翅膀，而SKYPIEA的居民及香朵拉的倖存者如今卻還有翅膀，這就說得通了。

刻下「歷史本文」這件事，至少是發生在**「空白的一百年」**結束時的八百年前，因此月之人來到藍色星球應該是在更早之前的事。八百年的漫長歲月，要讓一個種族的血緣日漸稀薄，失去身體上甚至文化上的特色，這段時間應該是足夠了。

然而，即使有翅膀的D之一族因為過去的戰爭而滅絕，但可能擁有同樣根源的天龍人，不見得就不會出現擁有翅膀的人。帶著濃厚祖先色彩的天龍人，之後很有可能會在故事中登場。

說不定故事會朝擁有翅膀的D之一族祕密存活下來並現身這樣的方向發展。或是在「歷史本文」中會提到擁有翅膀的D之一族的存在等等，這些都不無可能。或者應該說，建立了**「某個巨大王國」**的D之一族，他們的祖先若真的是月之人，那麼在「歷史本文」中記載了擁有翅膀的人，可說是相當自然的事情。

# 「D之一族」VS「二十位國王」以及一些推測

## ▼「二十位國王」巧妙的背後運作，顛覆了「某個巨大王國」

**「某個巨大王國」**是來自月球的人所建立的國家，原本的國王D之一族，可能是被後來自稱為**「國王」**的二十位叛徒發動政變而消滅。這是我們到目前為止的推測。

接著，我們就從遺留下來的**「結果」**來猜想具體的**「策略」**吧。

陷入資源不足困境的月之人來到藍色星球時，那裡應該已經有許多人居住著。意圖推翻巨大王國的二十個人，可能私下計畫並在國內祕密地做準備，藉由散布捏造的謊言來進行**「情報操作」**。例如**「D之一族為了中飽私囊而打算把人民變成奴隸」**這類的謊言。

這二十個叛徒會不會是藉由這樣的**「情報操作」**，煽動鄰近諸國的怒氣及敵意，讓他們同仇敵愾地攻打自己的國家呢？當然，這很可能是他們想要獲得王權以統治世界的策略。

要讓這個戰略成功，就絕不能讓同夥以外的人知道真相。而且為了避免出現任何破綻，他們似乎也做了徹底的善後工作。只要能夠完全隱瞞對自己不利的事實，即使必須消滅幫他們毀滅了自己王國的鄰近諸國，應該也在所不惜吧。因此也不排除他們在此時投入威力強大的古代兵器的可能性。

若是如此，**「戰敗後碩果僅存的少數D之一族，想要揭發這個難以置信的事實，於是將之記載在『歷史本文』上，將希望託付給後世之人，並付出自己的性命以換來古代兵器的沉沒」**——這樣的推測應該也不是完全不可能。

而成功地徹底湮滅證據的二十個人，在那之後就自稱國王，並將之前所做的壞事全都埋葬於歷史的黑暗之中。然後他們可能裝作什麼都沒發生過一般，建立了**「世界政府」**，揭開歷史全新的一幕。

# 預測未來可能會出現的「D之一族」！

## ▼「D」是要得到「一個大秘寶」的必要條件？

由於我們無法清楚判別**「D之一族」**究竟是什麼樣的存在，因此到現在還找不到關於這隱密一族的明確線索。不過，從D之一族的人都是影響著世界的大人物這點來看，也出現了許多臆測，認為白鬍子、傑克和雷利事實上也是D之一族。那麼他們到底有沒有隱藏「D」之名呢？

在這裡我們要做個假設，並以此為基礎來對D之一族進行相關驗證。這個假設就是**「D是不是最後解鎖時必須具備的資格？」**簡單來說，這個假設就是——要得到**「一個大秘寶」**，必要條件是只有被選上的人才具備的「D」這個特殊資質。

回頭來看，《航海王》中有不少人擁有強大的力量，但是卻對「一個大秘寶」表現得興趣缺缺。

應該跟羅傑一起到過拉乎德爾的傑克說過：**「我要是擁有自己的船，我就要環遊全世界。」**（第3集第19話）就連白鬍子也是一樣，羅傑要告訴他去拉乎德爾的方法，他卻不想聽，還很乾脆地說：**「我也沒興趣……」**（第59集第576話）

像這些很熟悉羅傑，也可能相當接近「一個大秘寶」實情的人所說的話，應該包含了許多真相才對。

他們所說的話背後，是不是代表著除非擁有某種資格或能力，否則是抵達不了「一個大秘寶」的所在之處呢？對「一個大秘寶」興趣缺缺的他們，或許正暗示著**「自己並沒有那樣的資格或能力，所以才不打算以『一個大秘寶』為目標」**，這樣的解釋似乎也說得通。

此外，雷利所說的：**「你們去慢慢看了整個世界之後……找到的答案也不見得跟我們一樣！」**（第52集第507話）這番話也是個很大的提示。這或許是針對羅傑所說的**「這世上的一切我都放在那裡」**（第1集第1話）這句話所導出的答案之一。也就是說，儘管羅傑擁有得到「一個大秘寶」的資格，卻還是把它**「放在那裡」**？

## ▼羅傑的血脈並沒有斷絕？在波妮身上看見「D」的可能性！

除了從隱藏的名字裡尋找D之一族外，還有個方法是從家族關係去推測。雖說繼承的**「D的意志」**並不單指血緣，但是從卡普、多拉格及魯夫三代，以及羅傑、露珠與艾斯之間的親子關係來看，都是家人繼承了「D」之名，由此可見，擁有「D」之名的人，他的家人擁有「D」之名的可能性也很高。

這裡我們注意到的就是其中一位新人海賊——擁有能改變身體年齡能力的**「珠寶·波妮」**。會特別挑上她，當然有好幾個理由。

被稱為**「超新星」**的新人海賊們，作者曾公開說過他們的名字分別來自實際存在過的海賊之名。珠寶·波妮的原型就是曾活躍於加勒比海的女海賊**「安·波妮」**。既是女性，又名叫**「安」**，自然就會讓人回想起某個畫面，那就是提到艾斯出生祕密的那個場景。我們來看看他的母親露珠是怎麼說的吧。

**「如果是女孩子就取名為『安』……如果是男孩子……就取名『艾斯』……這是他決定的。」**（第56集第551話）

這裡可以看出羅傑為可能出生的女兒準備了「安」這個名字。此外，波妮被黑鬍子抓到，後來又被赤犬接走時，赤犬說：**「當我聽到妳從政府**

**手中逃走的時候，真的很緊張呢……但一切都結束了……」**（第61集第595話）這段話也顯示了波妮以前是在政府的那方。

整理一下這些線索，我們可以做個假設，波妮繼承了羅傑的血緣，為了生存下去，一出生就吃下可以自由控制身體年齡的惡魔果實。為了避免身世暴露，隱藏「D」之名，她加入了最能遠離海賊的海軍，但卻又因為某些原因而從政府那裡逃走。雖然我們還不知道能猜中幾分真相，但如果羅傑的血脈還沒斷絕，故事肯定會更加複雜吧。

「D」之名所代表的意義，以及繼承下來的「D」的意志到底是什麼，目前為止都還不明朗。然而，「D」之名確實留存在這個世界上。

應該已經知道一切真相的羅傑，知道自己死期將近，因此以充滿自信的表情，斬釘截鐵地說了一番話——

ONE PIECE FINAL ANSWER REVISION

# 「我不會死的……好夥伴……」

By　哥爾・D・羅傑（第52集第506話）

Mystery of the ancient weapon which is read and untied from a myth

# 第3航路

# 從神話角度來解讀古代兵器之謎

被選上的「D之一族」將獲得三大古代兵器?!

# 世界政府對冥王異常執著的理由

## ▼世界政府果然已經得到了古代兵器?!

關於古代兵器冥王的情報，目前出現最多的就是**「水之七島篇」**。當時，直屬政府麾下於暗處活躍的諜報機關**「CP9」**，算是數一數二的菁英，他們獲得殺人許可，花了五年的時間暗中尋訪冥王設計圖。由此得以窺知世界政府對於古代兵器執著到近乎異常的程度。

然而，世界政府看起來並沒有要尋找海神或天空之神的樣子。為什麼他們只執著於冥王呢？

我們可以推測出兩個原因。首先，世界政府可能不知道除了冥王之外，還有其他古代兵器的存在。世界政府以阻止古代兵器復活為由，禁止人民解讀**「歷史本文」**，雖說他們可能對古代兵器有一定程度的認識，但羅賓在尋求海神的真相時曾說過：**「這個事實讓別人知道就糟糕了。世界上的**

**所有勢力，都會想得到白星公主的力量吧……不論是政府還是海賊……」**（第66集第650話）這句話也可以解釋成，到目前為止沒有任何人知道海神的存在及其真面目。

另一個可以想到的原因，就是他們已經得到了這些兵器。但由於海神還在**「魚人島」**，因此這個推測並不成立，但仍無法否認世界政府手中握有天空之神的可能性。

CP9的羅布．路基帶著全世界唯一能讓古代兵器復活的羅賓，如此說道：**「對我們比較不利的事情……就只有佛朗基已經恢復自由了。」**（第39集第369話）這是不是就代表了只要抓住擁有冥王設計圖的佛朗基跟羅賓，世界政府所擁有的天空之神出現抵抗勢力的可能性就趨近於零了……世界政府很可能不知道海神的存在，但卻已經握有天空之神。

# 以「冥界之王」為名的古代兵器「冥王」

## ▼探究古代兵器冥王的由來！

擁有一擊就能消滅一座島的強大力量，又是過去在水之七島製造出來的戰艦——雖然在某種程度上已經確認了冥王的相關情報，但目前仍有許多謎團尚未解開。

首先就跟其他古代兵器一樣，從冥王的原型是出自希臘神話這點來加以檢視吧。

古代兵器冥王[1]這個名稱，是以海洋之王**「波賽頓」**（海神）的哥哥冥界之王，人稱**「黑帝斯」**或**「普魯托」**的古希臘神祇為原型。由於冥界位於地下，因此冥界之神**「普魯托」**也被視為**「地下之神」**，甚至是**「農耕之神」**。

此外，由於他是**「冥界之王」**，因此予人強烈的邪惡印象。例如在JUMP漫畫代表作品之一，車田正美所畫的**《聖鬥士星矢》**中，故事原本的設定就是以希臘神話為基礎，而被視為敵人之首登場的就是**「冥王黑帝斯」**。

但事實上，普魯托在神話中並非絕對的邪惡，是後世的人將**「冥界」**與**「地獄」**視為同一個地方，依據不同的民族或信仰，使得他天生邪惡的形象根深柢固。

實際上，從古人所遺留的雕像來看，他就跟當時一般的希臘人一樣，是個身上穿著簡單布料的男性，跟**「冥界之王」**的形象差距甚遠。他的特徵是拿著跟身高差不多的手杖，再思及他同時身為農耕之神這點，很可能他原本拿的並非手杖，而是鍬之類的農具，只是前端因為長年的侵蝕而出現了缺損。

而跟在普魯托身邊的，就是冥界的看門狗**「塞柏拉斯[2]」**。在前人留下的雕像及繪畫中，對牠的描繪是擁有三個頭，長著龍的尾巴和蛇鬃毛，身形就像狗或獅子。

1．日文原名為普魯托（Pluton）。
2．在本系列研究書的第六冊《航海王最終研究3：D之謎》中，此名稱暫譯為「凱柏洛斯」，一般也譯為「刻耳柏洛斯」，為避免混淆，本書改用與繁體中文版漫畫相同的譯名「塞柏拉斯」。

順帶一提，在《航海王》世界中，草帽一行人在**「恐怖三桅帆船」**上岸時，也碰上了赫古巴庫醫生所製造的人造塞柏拉斯。那隻塞柏拉斯就跟希臘神話流傳下來的外貌相同，是一隻三頭犬，只不過其中一個頭被設定為狐狸的頭。此外，喬巴還說：**「我記得那是地獄的看門狗！」**（第46集第444話）從這句話看來，在《航海王》世界中也相當接近希臘神話的**「塞柏拉斯」**，其外貌肯定也是以希臘神話為原型吧。

### ▼從希臘神話來推測「戰艦冥王」的樣貌

雖然有點離題了，但既然**「塞柏拉斯」**相符合，那麼或許也可以將古代兵器冥王的原型想成是希臘神話中的**「冥王」**。

這裡要注意的就是喬巴所說的話。

從他說**「塞柏拉斯」**是**「地獄的看門狗」**這點來看，可以解釋成《航海王》的世界也遵循著這樣的設定，認為冥王普魯托就是**「地獄之王」**。此外，從湯姆形容冥王為**「造船史上最可怕的『怪物』」**（第37集第355話）來看，可以推測它的原型就是給人可怕外表和邪惡印象的**「冥王」**。

這麼一來，關於古代兵器冥王的外貌，自然就浮現一點端倪了。

再看看克洛克達爾所說的這段話：**「『冥王』！據說那玩意只需一發，就能讓一座島嶼灰飛煙滅。它是以『神』為名的……世界最凶惡的『古代兵器』！」**（第21集第193話）可以想像它是有著巨大主砲的龐大戰艦。

就好比**「冥王」**手上拿著手杖那樣，與其說戰艦是冥王，相當於那根手杖的主砲，才是古代兵器冥王吧。

另外，在這邊我們要回想一下湯姆所說的話──**「不管是建造……什麼樣的船……都沒有所謂的善或惡……」**（第37集第356話）

像湯姆、艾斯巴古那樣以造船為傲的水之七島造船技師們，會只為了以破壞為目的而建造船艦嗎？

就像神話中的**「冥王」**一樣，**「善」**或**「惡」**是依詮釋方式而有所不同，這艘戰艦也只是剛好裝設著威力驚人的冥王作為主砲。或許正因為它驚人的威力，才讓這艘戰艦被稱為冥王也說不定。

# 過去曾發生過古代兵器之間的悲壯戰役?!

## ▼消失的古代兵器和可能現存的古代兵器

如果世界政府已經擁有了「天空之神」，那麼同為古代兵器的「冥王」為何會遺失呢？我們可以猜想到好幾個可能性，就從過去古代兵器曾被使用的可能性開始探討吧。

目前並沒有任何描述明確地提及古代兵器使用的痕跡。然而，我們推測由世界政府一手打造的**「偉大的航路」**與**「無風地帶」**，如此異常的現象在《航海王》的世界中卻被人們理所當然地接受了。從這點來看，或許古代兵器使用過的痕跡，現在也被視為自然產生的現象或是某種地形。

若說哪裡會有那樣的痕跡，要考慮的恐怕就是那些遺留下來的異常地勢，首先那地方肯定曾經被用來進行大規模的戰役。這麼一來，可以想到的就是以**「某個巨大王國」**為舞臺所進行的**「D之一族」**與**「二十位國王」**

之間的戰爭。當然，這場戰爭是我們從假設中推導出來的假設，但在**「空白的一百年」**中發生過必須使用古代兵器的大規模戰爭，這樣的可能性應該是很高的吧。

**「當時製造出過於強大兵器的造船技師們……認為那股力量一旦失控的時候，需要讓一股『抵抗勢力』存在，所以就把設計圖一直流傳下去。」**（第36集第344話）正如艾斯巴古所說的這段話一樣，能與古代兵器對抗的，應該就只有古代兵器了。如果擁有**「只需一發就能讓整座島嶼消失」**這種威力的古代兵器之間發生了衝突，兩邊都不可能全身而退。無論是多麼強大的古代兵器，在這種情況下會被破壞也就不足為奇了。

因此，若古代兵器彼此之間真的發生過如此壯烈的最終決戰，那樣的痕跡應該會以某種伏筆來呈現。故事中曾出現過各式各樣的異常現象或地形，其中特別不尋常的就是**「艾尼愛斯大廳」**中那令人印象深刻的描繪——在海中的巨大洞穴。

## ▼冥王發威的痕跡早已在故事中出現?!

跟羅賓一起被CP9抓走的佛朗基，在艾尼愛斯大廳正門開啟時，對著眼前不可置信的光景大聲地嚷嚷：**「喔喔喔！這是什麼鬼地方！我從來沒來過……這是……瀑布嗎？」**接著又對眼前異樣的景象喊道：**「海面開了一個洞耶！這座島怎麼會這樣啊？」**（皆出自第39集第375話）

不是河川或湖，而是在海面中央開了一個洞，這是多麼異常的景象呢？即使是海溝，就連海底洞穴深達一萬公尺的**「馬里亞納海溝」**，都不是**「能分開海面的洞穴」**。

這麼一想，艾尼愛斯大廳的這個洞穴，是個巨大到不只寬度，就連深度也足以無視海面上之極大表面張力的洞穴。

克洛克達爾所說的**「只需一發，就能讓一座島嶼灰飛煙滅。」**（第21集第193話）這番話，確實會讓人聯想到艾尼愛斯大廳內的這個巨大洞穴。

在不斷流傳下來的傳說中，肯定都會有一些**「跡證」**，而其中又包含著諸多的**「事實」**。例如，現在被認定為世界遺產的祕魯印加文明遺跡**「空中城市馬丘比丘」**，一直都有相關的傳說和寶藏傳言等等，儘管當地人都是以口耳相傳的方式說明其遺跡的存在，但在1911年美國探險家發現它之前，也就只是個傳說而已。

在《航海王》的故事裡，也有類似的傳說。那就是儘管有少數的跡證和寶藏之說，卻無人能證明其存在的**「空島」**。

如果把**「沖天海流」**視為**「空島傳說」**的伏筆，那麼**「巨大的海洞」**也一樣是**「海的異常現象」**，應該也可以視為探究**「傳說存在與否」**的伏筆吧。

此外，這個地方被選為施以制裁的司法地點，應該也有其原因。說不定這裡就是「二十位國王」使用冥王消滅「D之一族」的地點。也就是說，過去這裡曾存在著「某個巨大王國」。若要制裁落敗的戰犯「D之一族」，對他們而言，沒有比這裡更讓人感到屈辱的地點了。

# 與「偉大的航路」相關的古代兵器各種說法與考察

## ▼將世界切割的「偉大的航路」與「紅土大陸」

所有古代兵器都是以希臘神話的神為原型——到目前為止，我們都是以此為前提來驗證相關的謎團。同時，我們也考察了《航海王》世界中隨處可見的奇特地形，猜測那些是否為使用古代兵器的痕跡。

但光憑這些內容，要用來解釋**「馬力喬亞」**、**「顛倒山」**以及**「拉乎德爾」**之間難解的位置關係，顯然還不夠充分。更何況，對於跟《航海王》故事大結局很可能有直接關聯的**「世界之海被分割成四個部分的理由」**，也無法提出充分的說明。

首先，我們來回想一下《航海王》世界的地形吧。海洋之所以會分割成四塊，就是因為**「偉大的航路」**、**「無風地帶」**，再加上**「紅土大陸」**的存在。

**「那就是『紅土大陸』嗎？雲層太厚了，根本看不到頂端！」**（第12集第101話）魯夫如此大喊。這是故事第一次描繪「紅土大陸」的樣貌，就像是一塊巨大得甚至看不到頂端的岩石。

不過，隨著故事的推進，也確定了有些人能夠在只能從顛倒山進出的「偉大的航路」與其他海域之間往來。具體來說，我們先前所提到的哲普和羅拉就是這樣的人。此外，故事中也曾描述，解放馬力喬亞奴隸的費雪・泰格是徒手攀登紅土大陸，由此看來，並不是整個「紅土大陸」的高度都難以越過。

魯夫等人從東方藍來到顛倒山的運河之上，在其頂端迴轉了約四十五度之後進入「偉大的航路」，如果從雙子海角出來時走的是逆向的路線，抵達的就是「偉大的航路」終點。那也正是拉乎德爾的所在地。光從表面來看，「紅土大陸」上的人距離拉乎德爾似乎並不遠。

究竟「紅土大陸」是不是真的是自然生成的地形呢？

## ▼創造出「紅土大陸」的就是古代兵器嗎？

要形成紅土大陸那麼巨大的陸地，就必須有一股足以引發地殼變動的**「力量」**。提到**「地殼變動」**與**「古代兵器」**，馬上就會讓人聯想到克洛克達爾的這段話：**「『冥王』！據說那玩意只需一發，就能讓一座島嶼灰飛煙滅。」**（第21集第193話）既然擁有能開出這般巨大洞穴的威力，那麼誘使海底火山爆發，造成地殼變動，應該也不是絕對辦不到的吧。

關於古代兵器「冥王」，我們是以**「地獄之王」**為前提來想像其外觀，但就如我們前面提到的，希臘神話裡的冥界之王**「普魯托」**，也有**「大地之神」**及**「農耕之神」**的另一面。

若考慮到這一點，而且又像克洛克達爾所說的那樣——冥王能夠消滅島嶼，那麼它很可能就是為了要破壞地殼，以人為方式引發地殼變動才打造出來的兵器。而不是真的要著重在**「戰艦」**這個關鍵字與**「只需一發，就能讓一座島嶼灰飛煙滅」**（第21集第193話）這樣的話。

如果古代兵器可以人為地引發自然現象，那麼海神用在海上、大地之神「冥王」用於大地、天空之神用於天空，各自的用途就很明確了。而且，艾尼愛斯大廳裡的巨大洞穴，以及創造出「紅土大陸」這樣的陸地，都是擁有控制大地能力的冥王所導致的這個假設就成立了。

古代兵器海神擁有**「能夠與海王類溝通」**的能力。**「這裡是海王類的……巢穴啊……而且是大型的……」**（第12集第101話）就像娜美所說的一樣，「無風地帶」是海王類的住處。這個區域沒有風，又有海王類棲息，因此一般船隻無法通過。跟「紅土大陸」一樣，這裡是把《航海王》世界分割成四個部分的弊端。

可是，如果住在「無風地帶」的海王類可以同時一起游動，應該就有可能形成**「海流」**了吧。若與海王類進行合作，或許就能將區隔海域的「無風地帶」加以化解。既然古代兵器海神能與海王類心靈相通，那麼是否可以創造這樣的奇蹟呢？就這層意義而言，說不定海神同樣也是能夠控制地形、氣象的兵器。

關於天空之神，到目前為止除了名稱之外沒有任何官方的情報，不過我們有充分的理由推測它跟其他兩者一樣，擁有能改變地理、氣象的力量。

## ▼「千陽號」上搭載「冥王」的假設

**「冥王就是很久以前，在這個島上建造的……『戰艦』的名字……」**（第36集第344話）這句話揭曉了冥王這個古代兵器的存在。擁有世界上屈指可數的技術且廣為人知的水之七島造船技師們，代代相傳地繼承著這張設計圖。

全世界第一個稱霸**「偉大的航路」**的哥爾．D．羅傑，他的船**「奧爾．傑克森號」**是由湯姆所打造，而冥王設計圖就是由湯姆傳給其徒弟艾斯巴古，接著再傳承給佛朗基。可是，擔心被世界政府給奪走的佛朗基，親手燒掉了設計圖。因此，推測這張設計圖已經從世界上消失了。

不過，正如大家所知，佛朗基是個改造人。他體內藏有各種武器，也擁有卓越的技術。這樣的他，想要確實地將設計圖掃描並輸入體內，也不是不可能的事。

如果真的是這樣，消失的設計圖就留存在佛朗基的身體裡了。**「好棒喔！艾斯巴古——我們來把那東西建造出來！」**（第37集第355話）從佛朗基所說的這句話來加以思考，不能否認他已經著手進行建造的可能性。說不定，這個構造就搭載在佛朗基引以為豪的**「夢幻之船」**千陽號上。

此外，有別於這番推測，**「冥王是吃了惡魔果實的戰艦」**這樣的假設也繪聲繪影地出現。**「『能力』的傳達條件，已經被『偉大的航路』研究的學者解開了。」**（第40集第385話）**「這是『偉大的航路』的新技術，讓『物品』也可以吃果實。」**（第20集第184話）從這兩段話來看，這個假設也並非不可能的事。

從冥王沉睡於阿拉巴斯坦，以及設計圖的確存在這兩件事來看，也可以做出這樣的推測──**「冥王就是在已經存在的船體上施加某些動作使其完整」**。而這中間的步驟，是否就是讓船吃下惡魔果實呢？

**「這是造船史上最可怕的『怪物』。」**（第37集第355話）根據看待的角度不同，也可以解釋為說這番話的人似乎將冥王當成了活生生的物體。如果這樣的猜想沒錯，那麼會是某人的船吃掉了惡魔果實並變成冥王嗎？

# 已知的第三件古代兵器——古名烏拉諾斯的天空之神

## ▼第三件古代兵器是冥王和海神的祖父？

由**「魚人島」**的尼普頓國王親口說出的第三件古代兵器，名字就是**「天空之神**[3]**」**。跟冥王、海神一樣冠有神之名的天空之神，是個什麼樣的古代兵器呢？我們接下來就要探究它的真面目。

在希臘神話中登場的海神波賽頓與冥王普魯托，是泰坦巨人克洛諾斯（Kronos）與瑞亞（Rhea）所生下的兄弟神祇。在本系列第一冊中，曾經預測過如果還有第三件古代兵器出現，肯定會冠以其他兄弟的名字。而且，既然有了掌管**「地下」**的**「冥王普魯托」**、掌管**「海洋」**的**「海神波賽頓」**，那麼最後一件就是掌管**「天空」**的**「天神宙斯」**。然而很遺憾地，我們猜錯了。

烏拉諾斯並非普魯托和波賽頓的兄弟，而是克洛諾斯的父親，也就是普魯托及波賽頓的祖父。據說在希臘神話中，他也是最早統治天下的諸神之王。

從這個特徵來看，比起擁有一發就能使島嶼沉沒之威力的冥王，以及能操縱海王類的海神，天空之神擁有的是遠超過這兩者的強大力量，這樣的猜測應該可以成立。此外，宙斯在天空中算是專司雷電和天氣之神，相對於此，烏拉諾斯在希臘文中就有**「天」**的意思，是個把「天空」神格化的神祇。這樣看來，當與地下、海洋並列時，天空的形象就更加明確，或許正因為如此，才不用宙斯而以烏拉諾斯為名。

除此之外，烏拉諾斯還擁有**「撒星者」**的稱號，是從全身撒出恆星的夜空之神。究竟在《航海王》中登場的古代兵器天空之神，會擁有什麼樣的力量呢？以及它現在真的存在於世界上嗎？

3．日文版漫畫的名稱為「烏拉諾斯」（Uranus），繁體中譯漫畫版直接取其「天空之神」的稱號為名。另外兩件古代兵器的日文原文也各是「冥王」及「海神」在希臘神話中的名字——「普魯托」和「波賽頓」。

## ▼從關鍵字「天」與「船」推導出天空之神的真實面貌？

艾斯巴古從師父手上接下了代代相傳的古代兵器設計圖，從他的話中可知冥王是艘**「戰艦」**。而海神的真實面貌是被選中可以跟海王類對話的人魚公主，而那裡也有艘只有海王類才拖得動的巨船諾亞。

兩者之間有一個共通點——到目前為止登場的兩件古代兵器，都跟**「船」**有關係。既然如此，天空之神也是個跟「船」有關係的兵器嗎？

從**「天空」**及**「船」**這兩個關鍵字來看，腦中浮現的影像就是在天空中飛行的船隻。這樣就與本系列第一冊所推測的**「聯繫藍色星球與月亮，像太空船般的搭乘工具」**這樣的假設吻合了。

可是，可以升空前往月球的搭乘工具，已經有艾涅爾叫神隊打造的方舟「箴言」登場過了。那麼，方舟「箴言」就是古代兵器天空之神嗎？

跟只有海王類拖得動的諾亞一樣，方舟「箴言」也是必須靠擁有**「轟雷果實」**能力的艾涅爾才能驅動。此外，艾涅爾在月球地底下發現的古代都市，以及沉睡在那裡的機器人，都是遭受艾涅爾的轟雷攻擊才甦醒過來，從這點看來，轟雷果實的能力應該是復活時不可或缺的因素。

除此之外，月球的壁畫上還刻著**「比爾卡」**這個都市的名字。很奇妙的是，它就與艾涅爾出生的空島名字相同[4]。

無論如何，過去月球上曾有個名為比爾卡的古代都市，在那裡的人們為了尋求資源，於是前往藍色星球，而藍色星球上也有名為碧卡的空島，這些都是事實。

這麼說來，就像艾涅爾乘著方舟「箴言」前往月球一樣，遠古以前，從月球來到藍色星球的人們，應該也是搭乘能升空的工具而來。壁畫上還描繪了流著淚待在都市的機器人，以及搭著船離開的人。而那艘船是古代兵器天空之神的可能性也相當高。

4．「比爾卡」與艾涅爾出生的空島「碧卡」日文發音相同。

# 復活的三件古代兵器與追求自由之人所到達的高度

## ▼三件古代兵器各自歸屬於被選上的「D」之一族？

在本系列第一冊中，從預測汀奇可能吃了**「塞柏拉斯果實」**，以及塞柏拉斯守護的就是冥界之王這兩點來看，做出了古代兵器冥王可能會藉由汀奇之手復活的推測。

古代兵器海神之名在空島首次登場，其真實面貌也證實是能與海王類溝通的人魚公主。身為傳說中的人魚，能力已經覺醒的白星公主，跟魯夫一行人約好了再見面，由此可見海神總有一天會來到魯夫身邊。

儘管另一個古代兵器天空之神，到目前為止只出現名稱而已，但由於它是以希臘神話中的天空之神為名，因此可能是擁有天空相關能力的兵器。

那麼，這樣的天空之神會落入誰的手中呢？

假設到目前為止我們的推測都是正確的，那麼可能獲得冥王和海神的兩人都是D之一族。而順應這個原則，獲得天空之神的人物是D之一族的可能性也很高。

在本系列第五冊[5]中，根據羅傑留下的遺言：**「這些事情是沒辦法阻止的。『被繼承下來的意志』、『人的夢想』、『時代的潮流』——」**（第12集第100話）我們推測各自對應了三個人物。**「被繼承下來的意志」**指的是繼承了D之一族的羅傑所戴之草帽的魯夫，**「人的夢想」**指的是在**「魔谷鎮」**大吼**「人的夢想！是不會結束的」**（第24集第225話）的黑鬍子，而**「時代的潮流」**就象徵著大聲宣告**「伴隨著擋不住的驚濤駭浪……豪傑們的『新時代』就要來啦」**（第32集第303話）的多佛朗明哥。

多佛朗明哥的本名是**「唐吉訶德．D．佛朗明哥」**的傳言甚囂塵上，如果他也是D的話，加上他**「天夜叉」**這個名號，或許就是非常適合獲取天空之神的人了。

5．本系列第五冊之繁體中文版為《航海王最終研究2．新世界之謎》（大風文化），敬請參閱。

## ▼從第1話開始就宣告魯夫即將改變世界?!

如果象徵羅傑遺言的三個D之間發生了衝突，那麼就很有可能引入古代兵器。驚人的是，在《航海王》第1話中，魯夫所穿的衣服上似乎已經寫明了這場三方戰爭的結果。

魯夫在第一次登場時，身上穿著T恤跟短褲，T恤上有個錨的標誌及**「ANCHOR」**的字樣。ANCHOR除了有「錨」的意思之外，在競賽中也有**「最後一棒跑者」**的意思。

**「他把僅剩幾秒鐘的『生命之火』……變成了點燃整個世界的『業火』。」**（第52集第506話）正如雷利所說的這段話，這個大海賊時代應該是羅傑特意掀起的。可以推測羅傑他們有個目標，只是**「說不定都有點太急了……」**（第52集第507話）而無法完成，因此他們才會對未來有所期待。

那麼，到底羅傑所期待的是什麼呢？

過去在羅傑船上擔任船醫的可樂克斯，目送魯夫等人離去時曾說：**「他們到底是不是我們在等待的海賊呢？他給人一股很不可思議的感覺。你覺得呢？羅傑……」**（第12集第105話）看來，羅傑在等待的似乎正是海賊。

那麼，是什麼樣的海賊呢？

**「絕對不是你……汀奇，羅傑在等的男人……絕對不是你！」**（第59集第576話）光從這段對白來看，應該不會是汀奇。同樣地，**「就像有人繼承羅傑的意志那樣……總有一天，也會有個人來繼承艾斯的意志……即使斬斷『血緣』，他們的火焰還是不會熄滅……這東西就是這樣……自古以來就被流傳下來……未來……總有一天會出現一個背負著幾百年份的所有『歷史』……來挑戰這個世界的人！」**（第59集第576話）我們可以從這段話來想像，**「背負著幾百年份的歷史來挑戰世界的人」**，就是背負著許多人的希望，擔任**「ANCHOR」**的角色來徹底改變世界。若真是如此，在三方戰爭最終獲勝的人應該還是魯夫才對。

**「這些事情是沒辦法阻止的。『被繼承下來的意志』、『人的夢想』、『時代的潮流』——只要人們繼續追求『自由』，這些事情就絕對——無法阻止。」**（第12集第100話）彷彿在回應羅傑所說的這番話，魯夫也做出了如下一頁的宣言——

ONE PIECE FINAL ANSWER · REVISION

# 「在這片大海上，最自由的人……就是海賊王！」

By　蒙其・D・魯夫（第 52 集第 507 話）

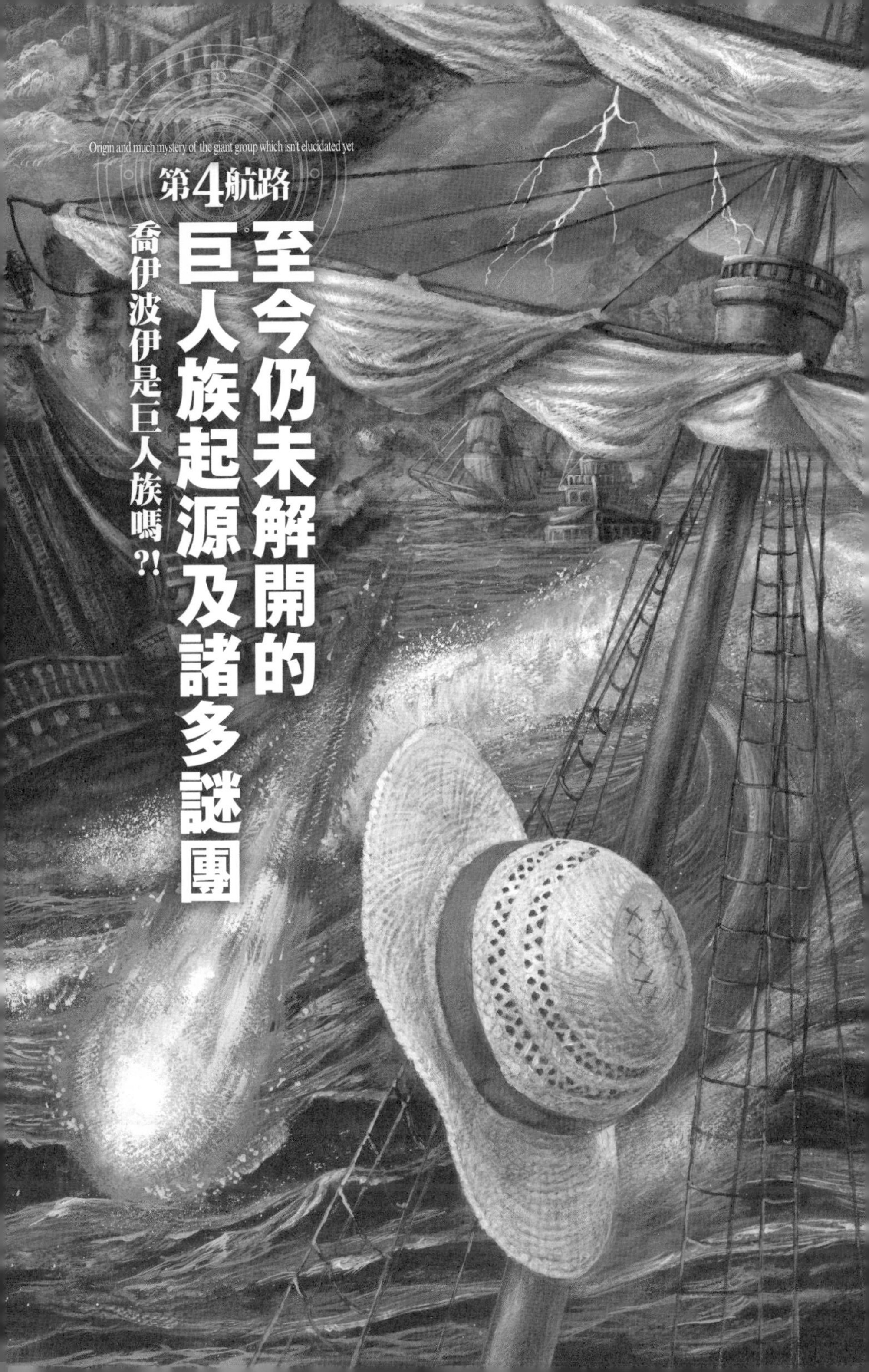
Origin and much mystery of the giant group which isn't elucidated yet
第4航路
至今仍未解開的
巨人族起源及諸多謎團
喬伊波伊是巨人族嗎?!

## 巨人是種理所當然存在的《航海王》世界

### ▼身高達七公尺卻不是「人類」，也非「巨人」？

《航海王》所構築的世界觀相當縝密，而其中人種代表了極大的意義。具有象徵性的例子包括了魚人壓榨人類的惡龍與娜美的故事，以及**「魚人島篇」**中，魚人、人魚及人類之間的爭端。

種族方面，除了魚人之外，還有**「長手族」**、**「長腿族」**，此外，**「巨人」**的存在也已經得到了證實。

提到巨人的代表人物，就是被騙人布視為師父的艾爾帕布戰士——多利與布洛基，和目前還沒有詳細描述的薩方．烏爾夫，以及留下盜國傳說的歐斯等等。到現在為止的描述，這些巨人的存在似乎都很理所當然，但魯夫遇見多利時卻說：**「哇——好大喔！你是人類嗎？」**（第13集第116話）可見對一般人來說應該還是很罕見的，換句話說，就是猶如**「傳說」**般的存在。

只是，在《航海王》的世界裡，也有不屬於巨人一族，身形卻非常高大的人。例如，在第58集的SBS裡就揭露了七武海的身高，最高大的是月光．摩利亞的六九二公分，其次是巴索羅繆．大熊的六八九公分，這兩位對現實世界來說都是非常高大的巨人。此外，黑鬍子是三四四公分、多佛朗明哥是三〇五公分、吉貝爾是三〇一公分，都是超乎一般認知的巨漢，而克洛克達爾的二五三公分，才總算比較接近現實世界中金氏世界紀錄的等級。在現實世界中比較不會讓人感到不可思議的，就只有密佛格的一九八公分，跟漢考克的一九一公分。

在這篇發表七武海身高的SBS裡，尾田老師並沒有特別用上巨人這個詞，因此我們無法斷定他們是否為巨人。然而，這些人在故事中似乎跟巨人有明確的區別。

無論如何，在《航海王》的世界中，即使不是巨人族，身高接近七百公分的巨漢也是存在的。

# 巨大生物是因環境變化而產生的嗎？

## ▼巨人的起源是「一般身高的人類」嗎？

無論是月光．摩利亞或巴索羅繆．大熊，他們高大的身軀幾乎是身高一七二公分（ONE PIECE RED 絕讚的人物特寫）的魯夫的四倍，但似乎還不算是巨人。

那麼，在種族上被明確區分為**「巨人」**的究竟是什麼樣的存在呢？

提到不是巨人卻又是巨大生物，就讓人想到海王類。在本系列第一冊中曾經考察過，**「偉大的航路」**左右兩側是不會有任何風的**「無風地帶」**，其特殊環境可能會讓海王類巨大化。既然是風平浪靜，又沒有波浪，就表示不受月球引力的影響，在這樣的環境之下生物會巨大化，這樣的推測是有科學依據的。目前也有一派學說認為，比起陸地，海中的生物更容易出現巨大化的現象。

只不過關於這樣的考察，由於現階段我們仍不知道「偉大的航路」以及「無風地帶」是從什麼時候開始存在的，因此也無法推導出答案。此外，假設這項考察內容是正確的，要直接套用到巨人族身上仍是言之過早。原因很簡單，因為巨人族再怎麼說也算是人類，無法在海中生活。

這麼一想，比起普通人在特殊環境中變得巨大的說法，巨人從起源開始就很巨大的可能性還比較高。凱薩所進行的人體巨大化研究，說不定實驗的目的也是把普通人類的種族變成巨人族呢。

同樣地，就如同尾田老師在許多設定中以古代神話為藍本那樣，這些答案也極有可能是以現實世界的某個神話作為原型。那麼接下來，我們就從現實世界所流傳的巨人傳說，來探究**《航海王》**世界裡的巨人之謎。

# 現實世界中的巨人傳說與顯示其實際存在過的各種痕跡

## ▼現實世界與《航海王》世界裡恐龍與人類的邂逅

現實世界中，留有不少顯示巨人實際存在的跡象。位於北非撒哈拉沙漠，被評定為世界遺產的阿傑爾高原（Tassili n'Ajjer）就是個很好的例子。撒哈拉在史前時代並不是沙漠，而是一片草原。當時的壁畫記錄著這一切，描繪了在草原上奔跑的動物身影。其中還可以看到疑似巨大的人類身形，能夠單手舉起應該是瞪羚或高角羚之類的動物。

而且，在美國德州的白堊紀地層裡，也曾發現伴隨著恐龍化石一起出土的鐵鎚等人造物品。由於恐龍是在約六千五百五十萬年前的白堊紀末期滅絕，而人屬第一個物種「巧人」則是生活在距今約兩百四十到一百四十萬年前，因此人類與恐龍應該不可能有共存的時期才對。此外，在當地的恐龍足跡附近，也找到了很像人類所留下的巨大足印。

被發現的這些腳印超過八十個以上，多數為三十五到四十公分，其中最大的腳印長達六十公分。

根據學術界的推測，這些腳印的主人若真的曾經存在，身高可能高達二到三公尺。若套用到《航海王》的世界裡，不過就是比多佛朗明哥和克洛克達爾稍微高大一點的人類，但在現實世界中，已經是可以稱之為巨人的身形了。

此外，說到《航海王》世界中恐龍與巨人在同一時期存在於相同的地點，這就讓我們想到了**「巨人島．小花園」**。

小花園完整地保留了恐龍時代的環境。娜美後來發作的**「五日病」**，也強調了此一事實。

首先，Dr.古蕾娃說發病的原因是**「被一種叫『卡斯奇亞』的蟲叮到了」**（第16集第139話）。五日病是被遠古就有的跳蚤叮咬之後才會發作的一種病。

**「難道你們曾經在太古之島的叢林中，露出肚子散步嗎？」**（第16集第139話）從她問娜美的這個問題看來，便能得知一百年前就被認為已經滅絕的卡斯奇亞，是從恐龍時代就有的一種跳蚤。

## ▼跟日本傳說也有所連結的希臘神話巨人傳說

日本境內也流傳了許多巨人傳說。

其中最有名的就是**「大太法師」**，又名**「踏鞴法師」**的巨人。傳說中，他造了包括富士山在內的各地高山。埼玉縣埼玉市的**「太田窪」**這個地名的由來，有一說認為就是取自**「大太法師」**的腳印之意。

至於名稱之所以不同，推測可能是因為各地以方言稱呼所導致的差異。根據民俗學者柳田國男的說法，其名稱源自於「大太郎法師」，也就是在意指**「巨大之人」**的**「大太郎」**後面加上**「法師」**兩字。這又剛好跟小人代表**「一寸法師」**的含義完全相反。

此外，江戶時代橘崑崙所著的**《北越奇談》**一書，也曾描繪出名為**「泰坦伯」**（Taitanbou）的巨人腳印。

圖中顯示出腳印與圍觀的人們在尺寸上的差距，光是大拇趾就大得足以讓畫中較靠近的古代成年人躺在上面。腳印的大小看來恐怕長達八公尺左右，由此我們可以推論出身高應該超過五十公尺。

順帶一提，這個日本的**「泰坦伯」**應該很接近希臘羅馬神話中的**「泰坦巨人」**。正確來說，是屬於「泰坦」這個種族。他們擁有巨大的身軀，據信只要他們暴怒就會引發地震。兩者在**「巨人」**這一點上，還有許多共通的部分。

尾田老師除了收集各地這類的傳說之外，應該還詳查了神話等資料，才決定巨人的相關設定吧。關於巨人的身形尺寸，若是以傳說或神話為基礎，那麼《航海王》世界裡出現的巨人，應該差不多是接近**「泰坦伯」**的高度吧。

若是如此，就算擁有七公尺長的身高，要稱之為巨人恐怕都還嫌小呢。

# 《航海王》世界的歐帕茲是出自巨人之手?!

### ▼艾爾帕布的抽象用詞「染滿鮮血的蛇」所代表的意思

《航海王》世界中也能看到自古以來巨人就實際存在的痕跡。可以做出這番推測的依據，就是當多利與布洛基要送魯夫一行人離開小花園時，一邊使出**「霸國」**絕招，一邊大喊著：**「就只有『染滿鮮血的蛇』能阻止[6]我們繼續前進！」「讓你見識一下，艾爾帕布村傳承下來的巨人族最強之『矛』吧！」**（皆出自第15集第129話）

這個**「染滿鮮血的蛇」**指的到底是什麼呢？在神話中，蛇大多被視為撒旦的象徵，若從這樣的印象來探討，應該就是指足以與神匹敵的強大敵人吧。

不過，只要想到構築《航海王》世界的最大元素——**「偉大的航路」**的由來，就可以推想出另一個可能性。

在**「染滿鮮血的蛇」**這句話中，**「血」**讓人聯想到的就是紅色。而《航海王》裡的**「紅」**，理所當然就會讓人想到**「紅土大陸」**。

將《航海王》世界分割成四個海域的，就是環繞世界一周的「偉大的航路」和「紅土大陸」。截至目前為止，我們所知要越過「紅土大陸」的方式，就只有通過**「顛倒山」**，或是經過深海的「魚人島」和行經**「聖地馬力喬亞」**吧。

從第12集第101話中看到的航海圖，以及**「那就是『紅土大陸』嗎？雲層太厚了，根本看不到頂端」**（第12集第101話）這段對白來看，可以清楚知道以「紅土大陸」的高度與厚度，想要越過是相當困難的。

雖然目前還無法得知全貌，但至少知道「紅土大陸」是繞著世界一圈，很可能就像蛇一樣蜿蜒曲折。這也就表示，多利與布洛基所說的**「染滿鮮血的蛇」**，指的或許就是強大得能與神匹敵的「紅土大陸」，這樣推測應該是可以成立的吧。而巨人與「紅土大陸」之間的關係，也與另一個假設有關。

6．繁體中譯漫畫版譯為「能讓我們繼續前進」，本書為深入考察此處採原文直譯。

## ▼只有巨人才有辦法打造之斷崖絕壁上的建築物

即使巨人族擁有龐大的身軀及強大的力量，但只要是透過航海，「紅土大陸」仍是難以越過的關隘，這點是毋庸置疑的。

而當他們碰上「紅土大陸」時，或許就曾使出讓騙人布讚嘆**「居然連海……都能斬破……」**（第15集第129話）由艾爾帕布村傳承下來的「霸國」招式，打算挑戰在「紅土大陸」上開一個洞。

從「霸國」這個招式的名稱來看，可以想像應該有斬破國家的威力，但即使如此，可能就只有「紅土大陸」是無法打通的吧。所以多利才不是說**「無法斬破」**，而是說**「阻止前進」**。

如果這個假設是正確的，也就能夠說明顛倒山入口處那個如同**「歐帕茲」**般存在的門了。

所謂的歐帕茲指的是**「不該在此地出土的加工物」**。也就是說，在古代遺跡中發掘出連現代技術都無法製造出來的遺物。

在那道門附近，有著攀登上山的海流沖激，因此無法沿著岸壁慢慢靠近。

在那麼危險的地方，居然有辦法建造如此巨大的門，比較可能的推測應該是由巨人所建，而非出自力量渺小的人類之手。也就是說，放棄打穿

「紅土大陸」念頭的巨人族，可能乾脆在顛倒山建造了通往「偉大的航路」的入口。如果那如同歐帕茲般的門是自古以來就存在的話，就能更進一步證實《航海王》世界在遠古以前就有巨人的假設了。

當然，這道門是由不受海流或水壓影響的魚人所建造，這樣的可能性也不能不考慮。甚至我們也可以猜測是由世界政府或「某個巨大王國」的人所建造的。只不過，像**「染滿鮮血的蛇」**這樣具有說服力的其他假設，到目前為止都還沒出現。

此外，不要忘了歐伊摩所說的**「巨人的壽命長達三百年……」**（第40集第384話）這句話。壽命如此長的巨人族卻擁有自古以來的傳承，就表示《航海王》的世界裡，很可能遠古時候就有巨人的存在了。

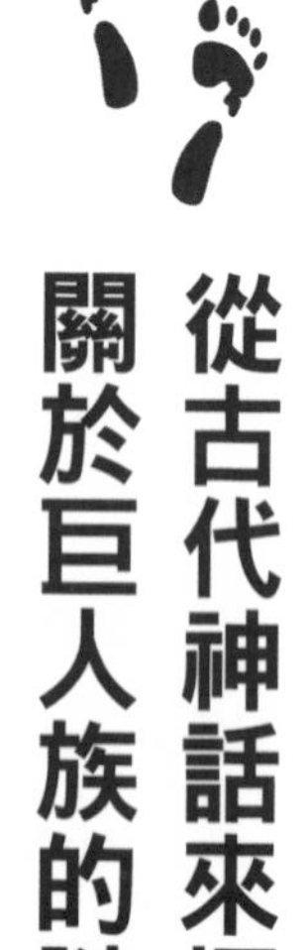

# 從古代神話來探究關於巨人族的謎團

## ▼接二連三登場，外貌和種族各不相同的巨人們

我們從作品的最初時期重新回顧到目前為止登場的巨人們。

首先是住在**「小花園」**的艾爾帕布戰士——青鬼多利與紅鬼布洛基。騙人布說過關於巨大金魚的謊言，而實際經歷過的就是他們兩位。

此外，騙人布在認識了這兩人之後，就下定決心總有一天要前往艾爾帕布村，故事似乎埋下了不少伏筆。

應該有不少讀者把最先登場的這兩位巨人的尺寸，視為《航海王》世界中巨人的一般體型吧。

在**「長環長島篇」**中，則有**「魚人和巨人的混血兒『魚巨人』比格潘」**（第33集第309話）。從比格潘跟香吉士、索隆並列的畫面來推測，他的體型似乎比之前的多利和布洛基還小一號。當然，混有泥鰍血統的魚人血緣可能也是原因之一，但跟其他巨人比起來，還是給人體型較小的印象。

而在**「艾尼愛斯大廳篇」**裡，曾在多利與布洛基的巨兵海賊團時期當過他們手下的艾爾帕布巨人——歐伊摩與卡西也登場了。

他們兩人為了尋找多利與布洛基而出海，卻被海軍抓走。**「只要能守護艾尼愛斯大廳的大門一百年……他們就會釋放兩位老大，讓兩位老大和我們一起回艾爾帕布村！」**（第40集第384話）結果兩人被這番話所矇騙，不斷地奮戰著。

因為同樣都是艾爾帕布村的村民，可以推測歐伊摩與卡西的體型跟多利與布洛基應該很接近。

另外，同樣是「艾尼愛斯大廳篇」，在羅賓的回憶中，有著讓人印象深刻的笑聲**「跌雷嘻」**，名字中也有**「D」**的海軍中將哈古瓦爾·D·薩烏羅也曾經登場。雖然只是臆測，但從接下來會提到的理由中，可以推論他應該是體型跟多利與布洛基差不多的巨人族。

## ▼不光是體型巨大，還有外貌奇特的歐斯型巨人

到目前為止提到的巨人們，即使有**「魚巨人」**這樣的例子存在，但基本上都還是很單純的**「大型人類」**。多數讀者對於《航海王》世界的巨人大小與樣貌，大致上都是以多利與布洛基為基準。然而，**「恐怖三桅帆船篇」**卻大大顛覆了這點。

月光．摩利亞宣稱在**「冰之國」**找到的屍體——歐斯，在此處登場。關於歐斯，摩利亞的說明是**「史上唯一一位……被稱為『魔人』的狂戰士」**，還介紹了他的故事：**「一想到五百年前……有個這麼厲害的東西在海上大鬧，就覺得很興奮呢。把打下來的整個島國帶回去當自己的領土，據說還建立了惡棍的國家……留下震驚世界的『盜國傳說』的人，就在我的眼前！」**（皆出自第47集第456話）他體型之巨大，就連與巨人接觸得比任何人都頻繁的騙人布，看了之後都說：**「這巨人也未免太大了吧！」**（第47集第457話）此外，歐斯還長有獠牙與尖角，樣貌跟過去登場的巨人有很明顯的不同。

其後在**「夏波帝諸島篇」**裡，也有跟雷利一起被關的巨人登場，不過他也跟歐斯不一樣，只是單純體型巨大的人。從這些事實來看，似乎可以將巨人大致分為兩個不同的種族。

第一種就是像多利與布洛基那樣單純體型巨大的人類，第二種則只有歐斯及小歐斯Jr.登場過。至少在作品中很明確地說是**「巨人」**的這兩者，就已經分成外貌截然不同的兩個巨人族。

在第49集的SBS中，尾田老師針對歐斯做了如下的解釋——

**「歐斯雖然是巨人族，但他在巨人族之中，也算是比較高大的種類。他並不是艾爾帕布的戰士。那個世界上有很多個巨人族所居住的島嶼。歐斯就是出生在某個巨人國的魁梧大壞蛋！」**

從文字上來看，可以知道歐斯在巨人族中也是屬於特大號的，而且他是出生在某個巨人國，但究竟是那座島上的人全部都很巨大，或者只有歐斯是特殊個體，目前仍無法判別。

# 由神話與關鍵字「諾亞」所推導出的巨人族起源

## ▼從神話時代就開始在世界各地流傳的巨人傳說

現實世界的神話中所留下的巨人傳說，在舊約聖經之前的時代就開始流傳了。

其中讓人印象特別深刻的，就是舊約聖經《以諾書》裡天使與人類生下巨人的故事。

自從亞當與夏娃吃下禁忌果實被趕出樂園後，他們的子孫逐漸增加。為了避免這些人類犯下亞當和夏娃所犯的罪，便派了兩百位天使來到地上監視他們，而這些負責看守的就是**「看守天使」**（Watchers），也稱為**「古利葛利」**（Grigori），意指神之子。

神之子們來到地上，卻為人類女性的美貌所著迷，儘管知道這是背叛神的行為，卻還是娶人類女性為妻並生下孩子。而誕生的這些孩子就是名為**「拿非利人」**（Nephilim）的巨人族，意指**「從天而降的墮落者」**。

被生下的這些巨人身高長達三千腕尺，換算下來是驚人的一千三百公尺左右。

後來這些巨人吃光地上的食物，令人類陷入饑荒，最後還互相啃食。神為此勃然大怒，引發了大洪水洗淨大地以解決此事，據說這就是舊約聖經裡**「諾亞方舟傳說」**的起源。

在古希臘羅馬神話中，也有名為提坦或泰坦的巨人諸神。在日本，以**「諸神的黃昏」**為主軸的知名北歐神話裡，同樣也有與眾神為敵的巨人登場。

無論如何，可以得知神話時代的人們，深信諸神巨人的存在是**「理所當然之事」**。

那麼，《航海王》中的巨人又是起源於何處呢？

在《航海王》的世界中，我們已經知道可能只有巨人居住的艾爾帕布村是存在的。在那裡，巨人也知道有一般大小的人類存在。

證據就是多利形容魯夫：**「真是有活力的人類啊！」**（第13集第116話）還說：**「你們……小小人類……」**（第13集第117話）由此可知這些巨人認為自己的體格才是正常的尺寸。

也就是說，對於很少跟魯夫這種一般大小的人類往來的部分巨人族而言，身高兩公尺以下的人類都算是小型的。

由這些事實來推測，除了巨人之島「艾爾帕布」之外，很有可能也存在著只有巨人居住，可以說是巨人起源的地區。不過到目前為止，關於這點並沒有明確的提示，但我們打算像其他主題一樣，假設這是以古代神話為基礎所做的設定，並由此來探究其可能性。

## ▼舊約聖經的巨人傳說所推導出來的歐斯型巨人之真相

其中最容易解釋的，似乎就是前面我們提到的假設——**「拿非利人」**的故事是《航海王》裡巨人的原型。也就是不同種族交配，結果生下巨人的這種可能性。

拿非利人是古代人類與天使交配之後所誕生的。那麼《航海王》世界的巨人族起源是否也是相同的呢？

關於**「異種交配論」**的重點，就是至今登場的巨人們在尺寸上的差異。目前為止，體型最大的應該是歐斯及小歐斯Jr.，還有薩方·烏爾夫吧。在頂點戰爭時，關於他們巨大體型的比喻說法，大概有以下幾種——

小歐斯Jr.是：**「大小是巨人族的好幾倍啊！」**（第57集第555話）而薩方・烏爾夫則被形容成：**「那麼巨大的生物就只有他！」**（第59集第576話）說出這些話的人究竟是海軍還是海賊那邊的人，我們不得而知。不過，會置身於頂點戰爭中的人，相信都是對於世界情勢相對清楚的人。既然如此，便可以推測目前最大的巨人就是薩方・烏爾夫，可惜的是正確的尺寸數字仍是未知。

但我們可以由此推導出新的假設。正如前述的說法，我們知道小歐斯Jr.和薩方・烏爾夫在巨人族當中都是屬於**「超乎規格」**的巨大體型。

那麼，為什麼同樣身為巨人族卻有如此大的差異呢？我們可以想到的可能性，就是巨人族血統的純度。

在本書第2章裡，我們假設了**「D之一族」**是像**「SKYPIEA」**的居民或**「香狄亞」**倖存者那樣，是擁有翅膀的**「月之人」**後裔，並對此加以檢視。

而由於**「D之一族」**與藍海人或巨人族混血的結果，血統逐漸稀釋而導致翅膀消失，反觀**「空島」**的居民還能擁有翅膀，是因為「月之人」的純正血統不斷地傳承下去，這是我們所做的考察。

同樣地，我們是否可以假設《航海王》世界中的古代人們，由於不同種族之間的混血才生下了巨人族呢？

我們就以當中的**「魚巨人」**為例好了。正如前面所述，儘管魚巨人繼承了巨人的血統，體型上卻比多利與布洛基還要小。應該是因為跟魚人混血之後，巨人的血統被稀釋，所以才無法長得那麼大吧。由於無法百分之百維持兩個種族各自的特性，才展現出各一半的型態。

最初繼承了純正巨人血統的，很有可能是擁有角跟獠牙，外貌上跟人類有極大差異的歐斯型巨人。

正因為如此，歐斯型巨人除了超乎規格的驚人巨大體型之外，可能從某時期開始就成為極稀少的人種，也難怪歐斯不過是一個巨人，卻能以**「盜國傳說」**的故事而廣為人知。

根據這個假設，也可以解釋外貌更接近人類的巨人相關問題。根據推測，經過各種混血之後，身為巨人的血統逐漸稀釋，因此像歐斯那樣超乎規格的體型也就逐漸消失了。

而像薩方·烏爾夫這樣的巨人，儘管外型是人類，體格卻超乎規格，可能是因為相較之下，他身上最初的巨人血統較濃厚的關係。

目前巨人族中唯一有**「D」**之名的是哈古瓦爾・D・薩烏羅，若是在跟人類混血這樣的前提下，他的存在也就可以理解了。而薩烏羅之所以會繼承一般體型人類「D之一族」的名字，也就多一個有根據的理由了。

## ▼另一種說法！藍色星球的原住民是巨人?!

跟前述的假設不同，另外還有一種可能性——說不定原本住在藍色星球上的就是巨人。

如果藍色星球的原住民是巨人，他們跟一般人類體格的「月之人」混血之後，就會因血統的純度而導致外貌及體型大小方面的變化，這樣的過程也就顯得理所當然了。

先前的假設是巨人誕生的理由單純只是突變，但相較之下，種族一開始就是巨人的論點，應該是比較合理的。

此外，關於巨人起源的可能地點，魯夫一行人跟幾位巨人認識的順序應該也可以作為參考。

如前所述，他們最先碰上人類外型的多利與布洛基。當時，出生於**「偉大的航路」**的薇薇見到巨人多利時就說：**「雖然我聽說過傳聞……但這還是我第一次看到呢……」**（第13集第116話）

即使同在「偉大的航路」上，或許接近雙子海角這邊的巨人比較少，而靠近**「新世界」**那一帶，巨人在人口的比例上則相對較多吧。也就是說，在進入後半段海域之後，繼承了更純正血緣的巨人比例就會跟著越來越高吧。

這樣一想，巨人起源的可能地點就在新世界的假設也就說得通了。而那也是像七武海和四皇這種等級的人，極其自然地進行航海的區域。

舉例而言，摩利亞說他是在**「冰之國」**發現歐斯的屍體，該地點位於新世界的可能性應該很高。至少在魯夫所選擇的前半段航路上，並沒有與盜國傳說有關的冰之國。

此外，艾斯把號稱**「在和之國學習所做的東西」**（第57集第555話），也就是編織的斗笠送給小歐斯Jr.當禮物。如果到目前為止我們的假設都沒錯，那麼極可能繼承了相當純種巨人血統的小歐斯Jr.跟艾斯認識的地方，同樣也是在新世界。

而騙人布跟魯夫都說過，總有一天要前往艾爾帕布，他們說的可不是非現實的夢話，而應該視為一條明確的伏筆。

# 從魚人島的方舟「諾亞」來看巨人曾經存在的可能性

## ▼魚人街裡留下的超大古老船隻「諾亞」

在「魚人島篇」裡揭露了不少事實，如人魚公主白星是古代兵器**「海神」**等等。而在劇情最高潮時扮演重要角色的，就是**「古代方舟」——「諾亞」**。**「能夠跟海王類對話的人魚……也就是白星的身邊，總有一天會出現一個把那個力量使用在正當途徑上的人……到那時候，世界就會大大地改變。」**（第63集第626話）在本系列第二冊中，我們從乙姬王妃說過的這段話進行考察，推測巨船諾亞是為了克服總有一天會到來的**「大改變」**而打造。在這裡，將進一步從全新的角度來展開我們的推論。

諾亞在「魚人島篇」一開頭，就是**「魚人街諾亞」**象徵性的存在，好幾次畫面上都呈現它巨大的樣子。儘管尚未確定其尺寸究竟有多大，但從第64集第632話中可以得知是難以想像的大小。

就在班塔．戴肯說著**「我把『諾亞』……扔向白星啦」**（第64集第632話）的那一幕，我們可以看到大入道海神想從眼前動起來的諾亞下方逃走，而體型本就比巨人還大的大入道，大小看起來卻像普通人類那樣。接著班塔．戴肯又說：**「『諾亞』有半個魚人島那麼大！」**（第64集第632話）那麼，打造出這麼大船隻的理由到底是什麼呢？順帶一提，關於打造它的人，班塔．戴肯是這麼說的：**「很久很久以前，動員所有魚人島民建造。」**（第64集第632話）因此可以得知是當時住在魚人島的魚人們。

從魚人島看著巨大的諾亞，鯊星說：**「那只是過去歷史的殘骸……」「龍宮王國國王」**尼普頓卻回應他：**「直到『到來之日』那天為止！它是絕對不能動的船啊！」**（皆出自第64集第636話）對於即將逼近的危機似乎感到非常恐懼。

**「那艘船一直在海底等待……好幾百年前，與『偉大的人物』所立下的『約定』。」「那是一艘『還沒有達成使命的船』！」**（皆出自第65集第641話）尼普頓曾反覆提到建造諾亞的由來與使命。

而乙姬所提到能將人魚公主的力量**「使用在正當途徑上的人」**，指的應該就是這個**「偉大的人物」**吧。換句話說，諾亞、人魚公主及能導正用途的人，這三者過去的確是曾經存在過的。而關於這個「偉大的人物」，羅賓在**「海之森林」**看到的**「歷史本文」**裡，曾出現過**「喬伊波伊」**這個名字。魚人島宴會過後，羅賓就問尼普頓說：**「『喬伊波伊』是誰？」**於是尼普頓回答她：**「喬伊波伊是在『空白的一百年』中，實際存在於地上的人物。」**（皆出自第66集第649話）

喬伊波伊跟當時的**「人魚公主」**做了某個約定。而那個「歷史本文」就是無法實現承諾的喬伊波伊寫給人魚公主的謝罪文。

在龍宮王國的傳說中，認為**「總有一天，一定會有人來代替喬伊波伊實現那個約定」**，尼普頓也說：**「世世代代守護著『諾亞』……這就是我們跟他之間的約定。」**（皆出自第66集第649話）

從這些來龍去脈看來，魚人島王族代代守護的巨大船隻諾亞，其製造原因與喬伊波伊應該有很深的關聯。而諾亞的大小，也跟另一個假設密切相關。

## ▼從舊約聖經的方舟傳說來思考「諾亞」的使命

關於諾亞為何如此巨大，海王類給出了其中一個答案。那就是海王類這句別有深意的對白：**「這艘船是做來讓我們拉的。」**（第66集第648話）

當時，包圍著諾亞的海王類之中，有一隻體型大得足以跟諾亞相提並論。這艘做來讓海王類拉的船，到底背負著什麼樣的目的或使命呢？

首先，我們來針對諾亞的巨大進行考察。舉個例子，如果在繩子前端綁一隻螞蟻，然後由人去拉動，即使人類完全沒有使力，結果螞蟻還是會被拉飛。同理可證，要讓海王類拉動，船隻就必須擁有一定程度的巨大噸位。接著，在船隻必須有巨大噸位的大前提下，思考其背後的原因。必須用到巨大船隻有好幾個可能性，首先我們想到的就是用來運送大量的人類與物資。

在本系列第一冊中，我們假設了**「惡魔果實」**是月之人所製作的人造物品。因為某些理由而失去文化的月之人，為了像諾亞方舟的傳說那樣，從藍色星球帶回各種東西，因此將之做成了各種樣本，也就是惡魔果實。可是，如果是以讓海王類拉動為前提來打造船隻，那麼諾亞應該無法擔負把惡魔果實運上月球的工作。

我們推測魚人島諾亞的原型就是舊約聖經裡的諾亞方舟傳說，這裡我們就來復習一下這個傳說。諾亞方舟的傳說，是地上的人類觸怒神而起。神打算以洪水清洗一切，因此命令他的虔誠信徒諾亞建造巨大的方舟，讓他帶著所有動物一雄一雌成對地上船避難。於是諾亞帶著家人與動物搭上這艘方舟，在水退之前的一百五十天內避開了大洪水。

如果以這個故事為參考，《航海王》裡的諾亞或許也是為了在發生**「大改變」**時能夠載運大量的物資及人，因而打造出來的船隻吧。

## ▼意指喬伊波伊的「地上的人物」中所隱藏的答案

**「諾亞是為了某天發生大改變時拯救生物及物資而打造的船」**——有別於這個假設，諾亞打造得如此巨大的另一個理由，可能是**「要搭船的人本身非常巨大」**。

根據舊約聖經裡關於**「諾亞方舟」**的記載來加以計算，全長應該超過一百三十三公尺、寬二十二公尺、高達十三公尺，是一艘巨大的船隻。諾亞方舟避開了洪水，來到矗立在現今土耳其東部的**「亞拉拉特山」**，實際上在那個地方也發現了類似船隻殘骸的古老木材，以及應該是用以固定的石製零件。

順帶一提，據說諾亞的大小剛好跟日本歷史上的戰艦**「三笠」**尺寸相同。不過，《航海王》裡的諾亞，卻是其難以比擬的巨大，這點看故事畫面就能一目瞭然。要驅動如此巨大的船隻，就必須由海王類這般龐大的生物來拖曳，在這樣的情況下，是否可以猜測搭船的人也擁有巨人等級的體型呢？

經過這樣的考察之後，就出現了新的假設。

那就是與魚人街的諾亞建造應該有極大關係的喬伊波伊，可能是一個巨人。

請各位回想一下尼普頓所說的那段話：**「喬伊波伊是『空白的一百年』中，實際存在於地上的人物。」**（第66集第649話）

這裡要關注的就是**「地上的人物」**這個用詞。基本上魚人對稱呼會明確地做出區別，除了魚人之外，都稱之為**「人類」**。那麼，為何尼普頓不說喬伊波伊是**「地上的人類」**，而稱他為**「地上的人物」**呢？當然，這麼稱呼的前提可能是認為喬伊波伊是個**「偉大的人物」**，但在跟羅賓對話時，用**「人類」**來稱呼應該會比較自然。

也就是說，喬伊波伊並非魚人所認知的**「人類」**，而很可能是**「巨人」**？

如果是這樣的話，就可以說明諾亞為何如此巨大了。

若是以非一般人類的巨人為基準所打造的船隻，勢必就要讓海王類來拖曳。更何況從尼普頓這般大型的魚人角度來看，或許巨人才是普通的大小。而在以諾亞方舟傳說為原型的假設中，也要囊括讓巨人們避難用的選項。

這麼一回想，在「魚人島篇」裡並沒有巨人登場。被認為體型類似巨人或魚巨人的大入道海神，在第62集第613話中也直接寫明了他是**「大虎河豚魚人」**。最擅長埋伏筆的尾田老師，或許就是故意不讓巨人在「魚人島篇」裡登場，好讓我們誤以為喬伊波伊是人類，保留了一絲懸疑性。

# 「當那個時候來臨時，大船『諾亞』就會被賦予使命！」

By　尼普頓（第66集第649話）

The deformed man who engages in secret maneuvers at a new world and true destination of a black beard

# 第5航路

# 暗中活躍於新世界的異形男子——

# 黑鬍子的真正目的

已經確定是「犬犬果實・幻獸種・塞柏拉斯型態」?!

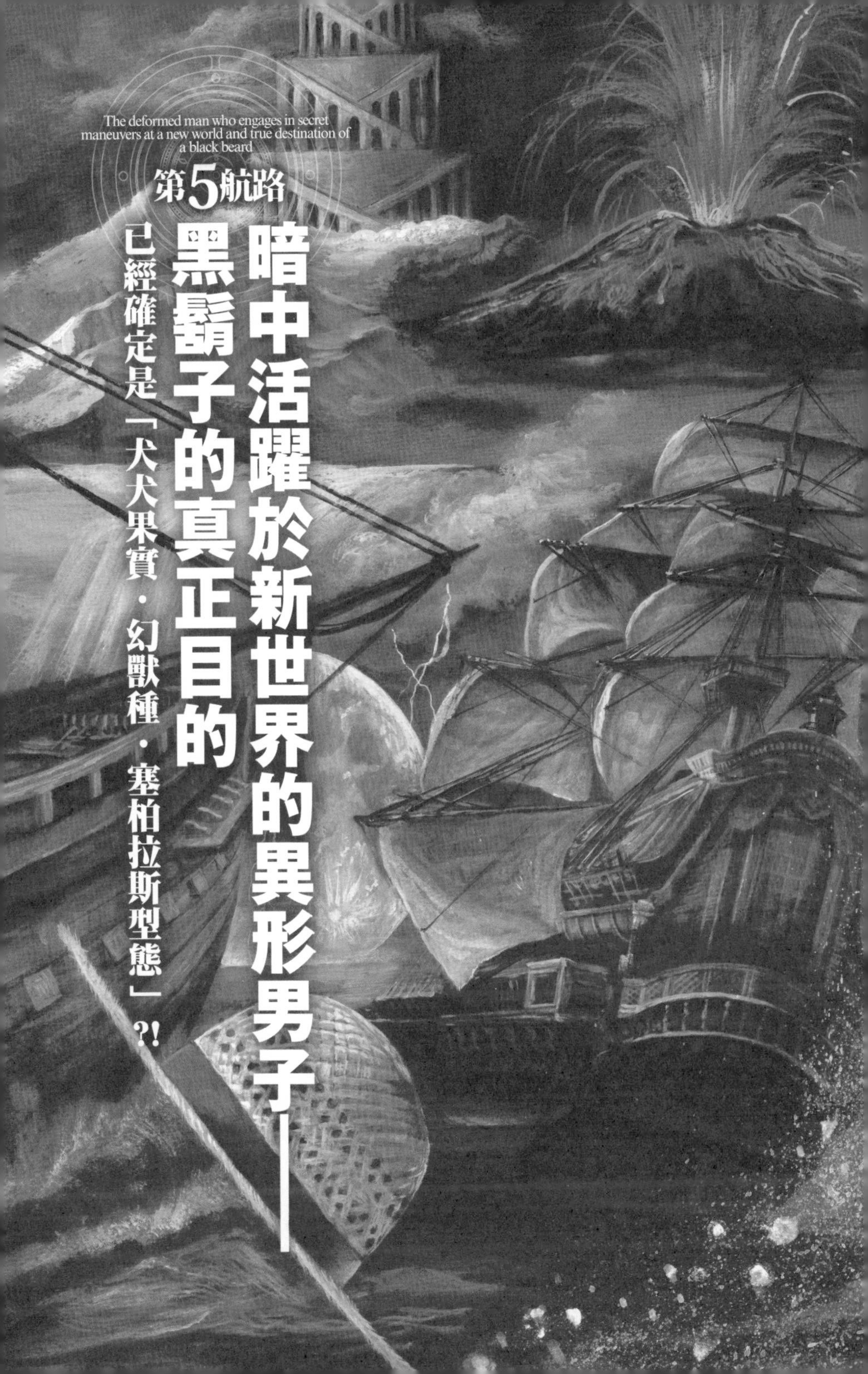

# 擁有兩種「惡魔果實能力」的男人——黑鬍子

## ▼目前已知的「黑鬍子」之行動與能力

黑鬍子的名號第一次登場是在**「磁鼓王國篇」**。多魯頓說：**「那是一個只有五個人的海賊團……船長自稱為『黑鬍子』……他們運用非常強大的力量，在一瞬間滅了這個國家。」**（第15集第133話）當時只有描繪出黑鬍子的身影，真面目還不得而知。

而黑鬍子第一次碰到魯夫，是在第24集第223話。儘管如此，卻沒有說明他就是黑鬍子，只有描述他是個喜歡櫻桃派的海賊而已。可是在第24集第225話中，卻用跨頁的方式大大地呈現了一句意味深遠的話：**「人的夢想！是不會結束的！」**讓人印象深刻。

黑鬍子的存在感增加，讓人確信他是一匹黑馬的時間點，應該就是**「巴納洛島的決鬥」**吧。那是原本待在白鬍子麾下的黑鬍子殺了夥伴，奪走**「惡

**魔果實」**，艾斯前去追捕他報仇的故事。

黑鬍子在此時發動了自然系**「黑暗果實」**的力量。之後他加入王下七武海，卻侵入關押許多凶惡犯人的**「推進城 LEVEL6」**，將一群應該從世界上消失的凶惡罪犯變成自己的同伴。黑鬍子在達成目的之後，當然就立即捨棄了**「七武海」**的稱號。接著，他又從壯烈犧牲的白鬍子身上盜取了**「震動果實」**的能力，高聲宣告著：**「以後就是……我的……時代啦！」**（第59集第577話）

可是，當傑克現身欲收拾戰局時，黑鬍子卻說：**「現在還不是……跟你們戰鬥的時候！」**（第59集第580話）還很乾脆地撤退，這裡也留下了一些疑點。此外，我們也知道他目前正在新世界獵殺惡魔果實的能力者。

以上就是關於黑鬍子大致的描述。在黑鬍子剛登場時，沒人想得到他會是如此重要的人物，如今在尾田老師這條長線伏筆之後，成為握有重大關鍵的最重要人物。那麼我們就重新來驗證在《航海王》中，**「黑鬍子所佔的地位」**以及和**「草帽一行人」**之間的關係吧。

# 黑鬍子將擁有的第三種能力是犬犬果實・塞柏拉斯型態？

## ▼強烈支持塞柏拉斯論的理由

在**「航海王最終研究」**系列第一冊中，我們曾經針對**「黑鬍子是希臘神話中的塞柏拉斯」**這個原型進行考察。詳細內容請參閱第一冊，這裡我們又再次提出**「黑鬍子是塞柏拉斯論」**，因此簡單說明第一冊的內容。

基本上，一個人通常只能吃一顆**「惡魔果實」**。正如布魯諾所說：**「你說的那個身體會被炸成碎片的事情……是吃了兩顆果實的人才會碰到的事情。」**（第40集第385話）可是，黑鬍子的能力目前已經確定有兩種，當然他也還活著。關於這個原因，曾在白鬍子海賊船上和黑鬍子一起相處過的馬可就分析說：**「『一般的人』是絕對不可能做到的……但是你們也知道……汀奇不太一樣！他的身體構造是『異形』，難道就是因為這樣而產生這個結果嗎？」**（第59集第577話）

那麼，我們就來復習一下黑鬍子登場的畫面吧。在第24集第223話中，比較**「這櫻桃派真是好吃死了」**和**「這飲料真是難喝到爆啊」**這兩格的畫面，可以看見他上排前齒的空隙大小與位置有極大的不同。接著在第24集第225話中，他大喊：**「人的夢想！是不會結束的！」**畫面的前後兩格，不只上排牙齒，連下排牙齒都不一樣。在那個時候，娜美稱黑鬍子為**「他」**，索隆跟魯夫卻都說**「不是他……是他們」**（皆出自第24集第225話），用**「複數形」**來指稱黑鬍子。

關於黑鬍子身體構造與眾不同的描繪還不只這些。來看看第25集第234話裡，**「黑鬍子海賊團」**四個人一起出現的場景。在這之前，一定都是用**「右手」**拿酒喝的黑鬍子，卻是以**「左手」**拿著酒瓶。

像這種**「同一個人的身體部位有所差異」**的特徵，就彷彿是擁有三顆頭的**「希臘神話中的塞柏拉斯」**。

在長期連載的漫畫中，經常會發生角色描繪出現一兩次不同的情況。可是像這樣出現好幾次人物描繪上的差異，就讓人覺得是尾田老師別有用意。

即使一般人通常只能吃一個惡魔果實，但如果像塞柏拉斯那樣擁有三顆頭的話，就可以視為三個腦子或人格，因此保有三種能力也是不無可能的吧。

## ▼從與傑克之間的淵源來推知黑鬍子的能力

成為魯夫當海賊的契機、又把重要的草帽暫時給他的傑克，和黑鬍子之間有很深的淵源。

傑克為了避免艾斯與黑鬍子正面衝突，前去會見白鬍子，他指著左眼上的三道傷痕說道：**「在我身上留下這個傷痕的人……就是你的部下……『黑鬍子』汀奇！」**（第45集第434話）在同一段對話中又說：**「這個傷不是在冒險時留下的，也不是『鷹眼』在我身上留下的……」「我當時並沒有大意輕敵。」**（皆出自第45集第434話）讓人覺得可能是黑鬍子使了什麼卑鄙的攻擊手段，或是用令人意想不到的手段讓他受傷。

在本系列第一冊中，也循此脈絡來驗證了塞柏拉斯這個關鍵詞。

傑克的那三道傷痕，在第1集第1話登場時就已經有了。而被視為海賊象徵的海賊旗上，也確實畫著三道傷痕。從這幾點來看，在紅髮海賊團成立時應該就已經有那些傷痕了。

如果是這樣的話，傑克對上黑鬍子的那一戰，別說是**「震動果實」**了，在那個階段黑鬍子很可能連**「黑暗果實」**都還沒得到。而以傑克的程度，同一個位置不太可能遭到三次攻擊，因此可以猜測應該是受到一次攻擊就留下了那三道傷痕。

這裡請各位回想一下塞柏拉斯的樣貌。牠擁有三顆頭、龍的尾巴與蛇鬃，是一隻巨犬。而且，從古至今描繪塞柏拉斯的畫，都可以看到牠的四肢各有三根腳趾。

從這個特徵來看，黑鬍子除了「震動果實」與「黑暗果實」之外，或許很久之前就已經擁有**「動物系果實的能力」**。這麼一來，我們可以發現，那些讓人覺得慣用手和齒列有所不同的描述，以及在傑克左眼上留下獸爪般的傷痕等等，都是會令人聯想到塞柏拉斯特徵的元素。

基於上述的理由，本系列才會預測黑鬍子擁有三種能力，而且隱藏的另一種惡魔果實就是動物系幻獸種的**「犬犬果實・塞柏拉斯型態」**。擁有號稱超人系中最強的「震動果實」、自然系中稱得上相當特殊的「黑暗果實」，若再加上動物系幻獸種的能力，應該就所向無敵了吧。

## ▼希臘神話中的塞柏拉斯

話又說回來，**「希臘神話中的塞柏拉斯」**又是什麼樣的呢？

所謂的希臘神話，是流傳在古希臘各民族之間的神話及傳說。塞柏拉斯在神話中被定位為**「冥界的看門狗」**，牠的名字也意指**「無底洞內的幽靈」**。自古以來，對牠的描繪都是外貌極為異常，擁有三顆頭且能從口中噴火，還有龍的尾巴和蛇鬃，身形宛如巨型犬或獅子。

傳說中，無論什麼樣的死者，塞柏拉斯都會為他開啟冥界之門，然而一旦進入冥界，牠就不允許任何人離開，會用尖銳的獠牙撕碎試圖逃亡的靈魂。也因此才被視為**「地獄的看門狗」**。

目前為止，本系列也探討過**「惡魔果實的能力棲宿在哪裡」**這樣的疑問。而我們推論出來的結果，認為能力並非留在心臟或腦中，而是棲宿在**「靈魂」**裡。之所以會出現這個答案，最大的原因就是布魯克的存在。他身為惡魔果實能力者，卻沒有心臟或腦，這才有了靈魂理論的說法。他自己本人也說過這樣的話：**「讓我活在這世界上的『力量』……並不是內臟或是肌肉……沒錯……是『靈魂』！」**（第65集第643話）

如果黑鬍子真的吃下了塞柏拉斯果實，自然會讓人認為他也擁有神話中**「吃掉死者靈魂」**的特質。如果死者靈魂中棲宿著惡魔果實的能力，說不定就連能力都會被黑鬍子吸收進身體裡。而這是否就是他能從白鬍子的遺體中奪取「震動果實」能力的原因呢？若是如此，那就如同吉貝爾的說明：**「聽說他們正在到處攻擊擁有惡魔果實能力的人。不知道為什麼……他擁有能夠殺死那種人，並且奪走對方能力的方法！」**（第66集第650話）他用的應該是和**「攻擊擁有惡魔果實能力的人」**同樣的方法。

不過，這麼可怕的塞柏拉斯也存在著弱點。其中一個就是**「聽到音樂就會睡著」**這個特質。希臘神話中記載著，希望妻子死而復生的奧菲斯（Orpheus）來到冥界入口，彈奏豎琴給塞柏拉斯聽，於是塞柏拉斯就乖乖地打開了冥界之門。

另一個就是**「喜歡甜食」**。傳說中，一名女巫在帶領特洛伊英雄伊尼亞斯（Aeneas）參觀冥界之際，給塞柏拉斯吃下混了蜂蜜的甜餅，於是順利地通過了一般認為難以跨越的冥界之門。

## ▼全新見解——對上黑鬍子時不可或缺的成員是「布魯克」?!

既然認為黑鬍子＝擁有塞柏拉斯屬性的男人，那麼他的弱點應該就是**「音樂」**與**「甜食」**了吧。

一提到音樂，就會想起布魯克。甚至在第11集第94話，就已經暗示了布魯克的加入。魯夫當時嘀咕著：**「醫生啊……這倒是個不錯的點子……但應該要先有個音樂家。」**而布魯克成為夥伴是第50集第489話發生的事，那是回收許久之前的伏筆的時刻。總有一天，與擁有塞柏拉斯能力的黑鬍子為敵的那一刻終將到來。為了那一天，**「音樂家」**應該是不可或缺的吧。所以有必要關注未來布魯克活躍的情形。

此外，就是塞柏拉斯另一個**「喜歡甜食」**的弱點。黑鬍子跟魯夫第一次見面就是在魔谷鎮的酒吧裡，**「這櫻桃派真是好吃死了！」**（第24集第223話）從黑鬍子讚不絕口這點來看，他的確是難以抗拒甜食。再者，一提到**「甜食」**……就會想到草帽一行人中還有**「超愛棉花糖的喬巴」**。因為喬巴也是動物，說不定兩者之間有著「動物＝難以抗拒食物」這樣的共通點。但很可惜的是，光憑同樣是喜歡甜食的動物這點，就說喬巴會成為與塞柏拉斯對峙時不可或缺的成員，這種推論恐怕稍嫌不足。

在《航海王》的登場人物中，**「又強悍又喜歡甜食的人」**其實還有另一位。那就是本名叫夏洛特·莉莉——海賊四皇之一的**「BIG MOM」**。她的部分樣貌近期總算揭露了，但目前還沒公開她的全貌，是個充滿謎團的人物。

BIG MOM喜歡甜食這件事，在**「魚人島」**揭曉。在白鬍子死後，她以**「大量的零食」**作為交換條件來保護魚人島。可是，魚人島發現他們已經沒有可以上繳的零食。BIG MOM的部下**「塔馬哥男爵」**察覺這個事實後就威脅他們：**「那這個協定就決裂了！過幾天之後，BIG MOM海賊團的猛者們……就會來消滅『魚人島』S'il vous plait!」**（第66集第651話）據說她**「是會為了零食，而不惜攻陷一個『國家』的怪物……」**（第66集第650話）

這麼一來，在思考如何打倒黑鬍子時，若能跟BIG MOM結成同盟共同來抵禦，對於草帽一行人來說無疑是注入了強心劑。儘管四皇是否會與其他海賊聯手這點還是個未知數，但根據海星帕帕克的說法，BIG MOM保護魚人島就只是樁**「交易」**罷了。從這點來看，與其動之以情，不如展現利用價值，只要將之導向對他們也有好處的結果，或許故事就會朝他們有條件地與草帽一行人合作的方向發展呢。

然而，以目前的狀況來看，BIG MOM的目標從魚人島轉向吃了十噸零食的魯夫，因此暫時應該還會處於敵對的狀態。不過，無論草帽一行人以何種形式和BIG MON有所牽扯，用零食作為對抗黑鬍子手段的可能性似乎很高。從魯夫揚言**「把魚人島變成我的地盤」**（第66集第651話）來看，他可能不會跟BIG MON合作，而是把她手下的魚人島零食工廠納入自己的保護……或許應該要這麼推測才對。

當然這些只不過是假設。不過，要進一步證明黑鬍子＝塞柏拉斯還有其他理由。

首先就是黑鬍子海賊團的海賊旗。海賊旗象徵著信念，並且多數都會描繪船長的特徵，而黑鬍子海賊團的旗幟上畫的正是三顆骷髏頭及四根骨頭。這分明就像是有三顆頭及四隻腳的**「塞柏拉斯」**吧。

草帽一行人之中有個會把謊言變成真實的男人——騙人布。他說過的話有許多都埋下了多年的伏筆。證據就是**「那是在我五歲的時候，跟住在南海的巨大金魚搏鬥的故事……」**（第3集第24話）這個驚險故事，因為在第15集第129話中遇到巨大金魚**「食島怪」**而變成了現實。

因此，在這裡我們要特別注意騙人布在第5集第40話中的一幕所說的話。有一格畫著大家追趕著小狗時，騙人布對團員下令：**「是塞柏拉斯，把牠趕走！」**在黑鬍子登場的第22集之前，原本以為只是個搞笑橋段的這番話，其實就是為了黑鬍子＝塞柏拉斯埋下了伏筆吧。彷彿在證明這一點似的，騙人布海賊團的團員曾經很驕傲地說：**「他可是個會把謊言都變成真實的男人喔！」**（第45集第440話）

# 「黑鬍子」的原型是大航海時代實際存在過的「黑鬍子」

## ▼實際存在過的黑鬍子原型——自稱「惡魔」的大海賊

前面一直都只有探討希臘神話，不過，接下來要稍微把焦點放在現實的歷史故事上，由此來考察**「黑鬍子」**到底是什麼樣的人物。

尾田老師在漫畫第49集的SBS中，曾提到「黑鬍子」馬歇爾·D·汀奇的原型人物。這號人物就是實際存在過的英國海賊，名為**「艾德華·汀奇」**。一般都稱他為**「海賊黑鬍子」**，他在18世紀時橫行於加勒比海，因而家喻戶曉。

汀奇會獲得**「黑鬍子」**這個外號，原因似乎是**「整張臉覆滿了粗硬的毛髮讓他看起來很可怕」**。他任由鬍子亂長也不修剪，還編成好幾束辮子綁在耳朵上方處。一旦展開戰鬥，就會點燃編在鬍子裡的麻繩，讓毛髮亂竄。那副模樣再加上充血的雙眼，被認為**「沒有比那更可怕的地獄般憤怒**

**姿態」**，並流傳至後世。

至於現實生活中的汀奇個性如何，一言以蔽之就是凶狠殘忍。他稱自己為**「惡魔」**（Old Nick），驚人的事蹟還包括曾在酒宴上拿槍胡亂掃射，射穿了部下的膝蓋。

此外，他為了避免真實身分曝光，也曾使用**「艾德華．薩奇」**這個假名。尾田老師也明白說過，這個名字就是白鬍子艾德華．紐蓋特和前白鬍子海賊團第四隊隊長薩吉[7]的名字由來。

我們來看看這兩個人之間的共通點吧。他們同樣都是被黑鬍子奪走**「惡魔果實能力」**的人。黑鬍子在頂點戰爭時奪走了白鬍子的震動果實能力，而薩吉則是在獲得黑暗果實之後，就被黑鬍子殺害並搶走了果實。

也就是說，如今的黑鬍子從擁有艾德華．汀奇的假名，也就是艾德華和薩奇之名的兩個人物身上奪取了能力，可以推測他現在應該已經**「完整」**了。

順帶一提，在加勒比海作亂的黑鬍子，在1718年11月4日時懸賞金額是一百英鎊。懸賞金額排名首位的他，被英國海軍追擊，據說他最後在奧克拉庫克海灣激烈的戰鬥中，身受二十五處傷，當場戰死。而在《航海王》世界中掀起波瀾的黑鬍子，究竟又會迎來什麼樣的結局呢？

7．繁體中譯漫畫版在第45集譯為薩吉，第49集的SBS則譯為薩奇。

## ▼黑鬍子在《航海王》的世界裡扮演了什麼樣的角色？

實際存在過的黑鬍子與《航海王》裡的黑鬍子，除了名字同為**「汀奇」**之外，服裝上也有共通點。據說黑鬍子艾德華會在腰間掛好幾把手槍，同樣地，黑鬍子汀奇的腰間也掛著手槍。

此外，傳言中黑鬍子艾德華會用緞帶綁起長鬍鬚，而且**「打扮怪異」**；黑鬍子汀奇也有長鬍鬚，且外貌粗獷可怕，兩人光從外表特徵來看就極為相像。甚至，現實世界裡的黑鬍子似乎說過**「我就是惡魔」**這樣的話，若真是如此，《航海王》裡的黑鬍子或許也會扮演著**「惡魔」**這樣的角色。

到目前為止的考察中，我們猜測黑鬍子所隱藏的能力就是塞柏拉斯，就像前面所說，塞柏拉斯是冥界的看門狗。我們知道冥界就代表死後的世界，而自古以來也認為在地獄界、惡鬼界、畜生界裡，那是通往地獄的道路。這樣的背景不就非常適合**「惡魔」**的稱號嗎？

此外，在第62集第606話後面的SBS裡，針對關於黑鬍子海賊團的問題，尾田老師的回答是：**「『黑鬍子海賊團』的原則就是最像海賊的海賊團。每個成員都高大、粗暴且豪邁。」**確實如此，黑鬍子海賊團每個成員的樣貌都跟印象中的海賊一樣。

《航海王》的世界中，即使是敵對的一方，也有許多看似討喜、親切的角色登場，但黑鬍子海賊團的每一位都像是正統的敵人角色。他們跟很有人情味、同伴意識極強的草帽一行人是完全相反的存在。

實際存在過的黑鬍子的**「惡魔宣言」**，以及塞柏拉斯論中所假設的**「冥界（地獄）看門狗」**背景——從這些要素來看，《航海王》裡黑鬍子所扮演的角色……是否就是少年漫畫中絕對少不了的**「最後大魔王」**呢？

# 阻擋在最後大結局之前的最後大魔王就是黑鬍子？

## ▼從尾田老師所說的話來推測俠義的草帽一行人

提到少年漫畫最不可或缺的要素，就是最後橫擋在主角面前的**「最後大魔王」**了。魯夫的目的是找到**「一個大秘寶」**，在那之前，等待他的肯定是跟最後大魔王的決戰。

雖然是稍微有點久之前的事，不過各位知道2009年12月8日尾田老師上過一個廣播節目嗎？那是由吉卜力工作室的知名製作人鈴木敏夫先生擔任主持人，名為**「鈴木敏夫的吉卜力大汗淋漓」**的廣播節目。乍看之下，鈴木製作人與尾田老師這對不可思議的對談組合，卻隱藏了《航海王》的驚人祕密。

尾田老師年輕時很喜歡落語[8]，據說小學時還會帶錄音帶去學校和朋友一起聽。此外，他對時代劇也很感興趣，曾說：**「我很喜歡包括『次郎長**

**三國志』在內的那些俠義故事。」**而在與看完《航海王》第1集的鈴木先生的對談中，尾田老師表示：**「（草帽一行人）是以七武士為參考形象。」**

**「七武士」**指的是1952年上映，由黑澤明導演所執導的日本代表性電影。這裡稍微簡單說明故事內容——戰國時代遭到野武士（成為盜賊的武士）攻擊的村莊農民們，以提供食物為條件僱用了七名貧窮的武士。這七名武士跟村民一起對抗野武士，守護村莊。電影中有一句著名的臺詞：**「守護他人才是保護自己……只想到自己的傢伙，就會毀滅自己！」**

草帽一行人並不像他們一樣是助人的團體。他們是由各自擁有夢想、獨立行動的人一一聚集起來，踏上**「守護夥伴，彼此幫助」**的旅程。不過就像在「空島篇」和「魚人島篇」所看到的那樣，儘管歷經各種波折，他們的行動最終都會拯救與他們相遇的人。

所謂時代劇這一類故事的特色，就是**「賞善罰惡」**。正邪兩方壁壘分明的劇情發展，正是時代劇的看點。喜歡各種時代劇的尾田老師筆下的草帽一行人，似乎也能看得到仁義與俠情的特質。既然如此，對魯夫他們而言，完全的**「惡」**成為最後大魔王的可能性就很高了。

8．日本傳統表演節目，類似華人世界中的單口相聲。

## ▼在最終場面與草帽一行人兵戎相見的對手會是誰?!

接著，來看看1999年11月26日的《朝日新聞晚報》。這天刊出的尾田老師專訪中，說出了他的信念：**「『少年漫畫就是冒險』，還有不可或缺的『友情、愛……和正統』。」**

事實上在《航海王》中，缺乏友情與愛的自私角色在魯夫等人面前全都一一敗退。在**「空島」**與他們敵對的艾涅爾就是很好的例子之一。然而，一旦對手也擁有必須戰鬥的理由，例如深信自己的**「正義」**、直屬世界政府的海軍等人，對於魯夫一行人而言就是勁敵。

尾田老師心目中的**「少年漫畫」**必須往正統的劇情方向發展，只要在其中加入俠義元素，那麼**「成為最後大魔王的壞蛋」**的存在就是必要的了。目前在《航海王》中會讓人想到最後大魔王的有**「黑鬍子」**，或者也可能是**「領導海軍的世界政府」**這些組織。不過，本書還是比較傾向**「黑鬍子」**是最後大魔王的推論。

至於理由，可以從先前我們提到的**「七武士」**故事來推想。

「七武士」呈現了**「野武士VS貧窮武士&村民」**這樣的對立架構。儘管同為天涯淪落人，但追根究柢就是**「武士VS武士」**的戰爭。交戰的對手並非政府派的官差，而是同類。這對於推測《航海王》的結局應該是非常重要的參考點。

**「（草帽一行人）是以七武士為參考形象。」**如果直接解讀尾田老師的這段話，就表示最後的局面應該不是**「世界政府VS草帽一行人」**，而是**「黑鬍子海賊團VS草帽一行人」**，這樣的同類對峙應該是很有可能的吧。

無論如何，魯夫的夢想就是：**「我要成為海賊王！」**（第1集第1話）然而獲得了**「黑暗果實」**與**「震動果實」**的能力，甚至疑似擁有**「塞柏拉斯果實」**能力的黑鬍子，是實際上**「最強」**的海賊。只有打倒這樣的黑鬍子，才能夠成為真正的海賊王吧。

## ▼足球隊伍的對決！黑鬍子海賊團VS草帽一行人

就如同**「最後大魔王是誰」**這樣的討論一樣，在《航海王》迷之間也備受矚目的就是**「下一個夥伴會是誰」**這一點。

傳言中的候選人有青雉、巴索羅繆．大熊、桃之助等人，不過最有力的說法應該就是前七武海的吉貝爾了。魯夫曾提出邀請：**「你來成為我的夥伴吧！」**（第66集第648話）可是吉貝爾卻以**「現在還不行」**而拒絕，並且說：**「當我確實地貫徹仁義，把事情都全部處理完之後……」**還說：**「能不能再邀我加入……」**（皆出自第66集第649話）

魯夫在成為海賊出海時曾說：**「我得先把夥伴找齊。我想要找十個人！」**（第1集第1話）之後又說過：**「醫生啊……這倒是個不錯的點子……」**（第11集第94話）以及**「找『船匠』當夥伴吧！」**（第32集第303話）等等跟夥伴有關的話。從這些話全都已經實現這點來看，最初他說夥伴要找十個人，也就是包含魯夫在內共十一位成員的可能性是相當高的。

另一方面，最有可能成為最後大魔王的黑鬍子海賊團，成員有船長黑鬍子、航海士拉菲特、狙擊手范．歐葛、舵手吉札士．伯吉斯、船醫毒Q。另外還有趁著奪回艾斯戰役時，從推進城LEVEL6釋放的矢龍、薩方．烏爾夫、巴斯可．簫特、卡達莉納．戴彭、亞帕羅．比薩羅，共計十人。

後來在「多雷斯羅薩篇」裡，還有針對吉札士・伯吉斯所做的發言：「從無名人物一躍成為知名海賊的『黑鬍子』！在底下輔佐他的是『10名巨漢船長』！」（第74集第737話）雖然沒有明確指出這些人的存在，但應該是合計共十一人的海賊團沒錯。

而且**「十一」**這個數字也跟尾田老師很有淵源。眾所周知，尾田老師從中學到高中一年級都是足球社的一員。大家也都知道，足球是一隊十一人的運動，而且明確地區分了前鋒、後衛、中場、守門員等不同的職責。

草帽一行人與黑鬍子海賊團也都有**「狙擊手」**、**「航海士」**、**「船醫」**等清楚的角色分工。這跟擔負起自己角色的責任，並與夥伴一起打敗敵手的足球模式很相似。

由此看來，不只是時代劇，尾田老師從小就很熟悉的足球元素，應該也是構成《航海王》的其中一片拼圖吧。

# 白鬍子遺言中的真正意思——至今還未解開的黑鬍子之謎

## ▼白鬍子所說的「不是你」的真正意思是什麼？

有關黑鬍子身上的謎團，白鬍子在**「馬林福特頂點戰爭」**時也留下了別有深意的一番話。

在頂點戰爭接近尾聲時，敘述了白鬍子回想起過去與羅傑喝酒時的場景。兩人聊的內容包括了去拉乎德爾的方法，還有**「D」**之名的意義等等，都是構成**《航海王》**枝幹的重要內容。**「我有時候也會碰到名字裡有『D』的人，我這裡有個叫汀奇的人也是這樣。『D』到底是什麼？」**（第59集第576話）對於白鬍子的這個疑問，羅傑似乎告訴了他真相。

而曾親耳聽到羅傑說出《航海王》最大謎團的白鬍子，當下卻對眼前的黑鬍子說道：**「絕對不是你……」「汀奇，羅傑在等的男人……絕對不是你！」**（皆出自第59集第576話）為什麼白鬍子所說的這番話徹底地將黑鬍子排拒在外呢？

**「就像有人繼承羅傑的意志那樣……總有一天，也會有個人來繼承艾斯的意志……」**（第59集第576話）白鬍子說這段話的那一格畫面，畫的是因艾斯之死而翻白眼昏厥的魯夫。此外，他也說繼承者的資格並非取決於**「血緣」**。

那麼，羅傑與艾斯的意志到底是什麼呢？

過去羅傑曾經說過這樣的話：**「我對『統治』沒有興趣。」「當海賊的意義不就是成為自己想要的樣子嗎——無論面臨了什麼壓力。」**（皆出自第0集）同樣地，繼承了羅傑血脈的艾斯，從小也立誓道：**「總有一天我們要出海，並且隨心所欲地過活！要活得比任何人都自由！」**（第56集第549話）

兩人的共通意志，應該就是**「在海上自由地生活」**這種強烈的想法吧。

彷彿要繼承他們兩人的意志那般，魯夫也說過這樣的話：**「我不會去統治這片大海。在這片大海上，最自由的人……就是海賊王！」**（第52集第507話）

另一方面，過去曾好幾次跟羅傑對峙的金獅子說過：**「只要擁有你已經知道下落的『毀滅世界的武器』！加上我的兵力！還有我花費了漫長歲月訂立的完美計畫！我們現在就可以立刻統治全世界了！」**（第0集）

與艾斯、魯夫交戰過的黑鬍子，滅掉了**「磁鼓王國」**，還從推進城放出許多囚犯，他的生存方式就跟實際存在過的黑鬍子一樣凶殘且自私。他在獲得白鬍子的能力時，對著全世界宣告：**「沒錯！以後就是……我的……時代啦！」**（第59集第577話）從這句話看來，他應該就像金獅子一樣，是有**「統治野心」**的人。

**「意圖統治的人」**和**「想要自由生活的人」**，兩者的共通點都是想要隨心所欲地生活，但他們目標所著眼的世界卻全然不同。

跟羅傑共飲美酒的白鬍子，應該知道**「海賊王」**是什麼樣子。或許就是因為這樣，他才會看著黑鬍子卻說：**「不是你……」**（第59集第576話）

說到目標並非統治的海賊，白鬍子及傑克也算是其中之一。白鬍子在年輕時說過：**「我小時候……一直想要某個東西……」**（第59集第576話）但他指的並非**「自由地在海上航行」**，也不是**「前往拉乎德爾」**，而是**「擁有家人」**。

同樣地，傑克是如此描述自己的夢想：**「我要是擁有自己的船，我就要環遊全世界。」**（第3集第19話）在失去左手的時候，他也把從羅傑那裡繼承的草帽交給魯夫保管。後來在白鬍子指出他失去手臂時還說道：**「我把這隻手，賭在新時代上了……」**（第45集第434話）似乎也可以解釋成**「把羅傑的意志託付給比自己還要合適的人了」**。

從以上種種跡象來看，將繼承羅傑意志的人果然不會是黑鬍子，而應該是魯夫吧。

話雖如此，魯夫也不見得能打贏應該是他最大對手的黑鬍子。很遺憾地，是否適合繼承羅傑的意志，跟實力上是否能獲勝完全是兩回事。儘管魯夫老是把**「我要成為海賊王」**（第1集第1話）掛在嘴邊，但其實黑鬍子也說過這樣的話——

ONE PIECE FINAL ANSWER REVISION

# 「我會成為海賊王的！」

By　馬歇爾・D・汀奇（第45集第440話）

Brocade, oh, Suke of a thing and a thigh

# 第6航路

# 錦右衛門與桃之助

## 桃之助是草帽一行人的最後一片拼圖?!

# 目前為止已知的和之國相關情報

## ▼由武士所守護的鎖國國家與草帽一行人的關係

第一個來自**「和之國」**並與草帽一行人相遇的角色，就是在第47集第450話登場，傳說中能把在空中飛舞的龍砍下來的武士**「龍馬」**。現在索隆掛在腰間的三把刀之一——**「秋水」**，就是龍馬送給他的刀。

接著，根據第66集第655話布魯克所說的情報，我們清楚得知和之國存在著許多名為**「武士」**的劍士，就連海軍都無法輕易接近，他們並沒有加盟世界政府，是個鎖國國家。

沒有加盟世界政府會有多可怕，從第51集第501話便可以得知，當時香吉士手裡拿的**「人口販賣．拍賣會基本最低價行情」**，上面明白記載著**「販賣對象為罪犯及未加盟世界政府之國家的國民」**，意思就是會變成人口買賣的對象，成為奴隸。由此也可以看出在許多國家都選擇加盟世界政府時，仍能貫徹不加盟主張的和之國，其自衛能力是很強的。

故事進入**「龐克哈薩特篇」**後，和之國的武士**「錦右衛門[9]」**以及他的兒子**「桃之助」**登場了。之後在**「多雷斯羅薩篇」**則是**「勘十郎」**登場。對於草帽一行人而言，和之國的角色變成更加熟悉的存在。

此外在第69集的SBS裡，尾田老師說過：**「魯夫等人一定會前往和之國的。我從以前就很想畫這樣的故事呢。說不定到時候會把我的興趣都展現出來呢。」**從這段話來看，展開「和之國篇」也是遲早的事，相信在《航海王》的故事中也會是重要的一個章節吧。

所謂的鎖國，就是在對外政策上禁止與外國往來，並且限制外交貿易及外國人入境，由此來猜想，和之國應該是個獨特的國家，與目前為止出現的其他國家截然不同。證據就是當錦右衛門面對草帽一行人時，對著娜美說道：**「一個女人居然敢對身為武士的在下這樣說話！」「女人應該保持在男人身後三步的距離，並且以嫻淑、內斂的口氣說話！」**（皆出自第67集第657話）也就是說，和之國在習俗上是男尊女卑的。

9．錦右衛門的日文原名「錦えもん」並沒有類似「右」的發音，故在本書之前的幾冊都是譯為「錦衛門」，為避免混淆，此冊起變更為與繁體中譯漫畫版相同的譯名。

此外，從香吉士所說的話：**「髮髻，就是和之國特有的髮型。」**（第67集第657話）以及錦右衛門說道：**「嗯！真不愧是和之國的男兒！和服真適合你啊！」**（第70集第696話）還有魯夫、騙人布、喬巴跟錦右衛門借了盔甲等描述來看，和之國的服裝與髮型都是很有特色的。

到目前為止，出現在草帽一行人面前的都是擁有武士身分的和之國居民，而且從錦右衛門說：**「被敵人砍殺卻還活著，這可是『武士之恥』！」**（第67集第657話）以及桃之助說：**「在下是武士！絕對不接受別人的施捨！」**（第69集第685話）可知他們應該是自尊心非常強的階級。

**「你們是海賊啊！難怪會這麼野蠻！在下最討厭海賊了！」**（第67集第657話）**「海賊都是又高又大的壯漢……而且是更殘暴、更強悍的人……」**（第69集第685話）而正如這兩段話所表示的那樣，對於和之國的人來說，海賊似乎是可怕又可憎的存在。

和之國採取鎖國政策，原本不相關的外國人士應該無法輕易入境。然而，艾斯卻曾造訪和之國，並與他們的人民有所交流。

在小歐斯Jr.的回憶中就描繪了當時的情況，恐怕連魯夫都不知道艾斯拜訪過和之國吧。關於艾斯拜訪和之國的描述，是在**「馬林福特頂點戰爭」**時小歐斯Jr.即將倒下之際，回憶起過去艾斯送他斗笠的情景。當時艾斯是這麼說的：**「這是我在和之國學習所做的東西，戴戴看吧！」**（第57集第

555話）

由此推測艾斯可能是在成為白鬍子海賊團的一員之後才造訪了和之國，並跟當地人民打成一片，且關係友好到對方甚至教會他編織斗笠。至於這是艾斯的個性使然，或是靠白鬍子的知名度才有辦法做到，我們就不得而知了。

前面提到錦右衛門及桃之助所說的話，可以看出和之國的居民似乎相當厭惡海賊，再想到他們能跟艾斯友好的往來，不由得讓人覺得不對勁且十分矛盾。是只有武士才討厭海賊嗎？還是只有艾斯是特別的呢……這個部分還沒有定論，不過，等到魯夫一行人造訪和之國後應該就能明朗化了吧。說不定，那裡還留下了許多魯夫的結拜哥哥艾斯的回憶故事呢。

# 其他可能也來自和之國的諸多角色

## ▼白鬍子海賊團第十六隊隊長以藏，原本是歌舞伎的女形[10]？

我們已知和之國的人民擁有獨特的文化，也知道他們有和服、刀、武士、髮髻等等。我們還可以確認，作品中有其他幾位角色也是穿著和之國的民族服飾。儘管沒有清楚寫明他們是**「來自和之國」**，但因為是難以類比的獨特文化，因此他們也是來自和之國的可能性很高。

第57集第553話的馬林福特頂點戰爭中，掩護魯夫讓他去拯救艾斯的白鬍子海賊團第十六隊隊長**「以藏」**，也是穿著和服、梳著日本髮型。以藏手裡拿的並不是刀而是手槍，從畫面上來看，可以推測是把簧輪式手槍。在電影世界中，這種簧輪式手槍被視為海賊必備的道具，2003年在全球上映且票房極佳的電影**「加勒比海盜 神鬼奇航」**中，也經常出現這種槍。日本於1840年江戶時代末期，也就是大約在幕末時期，引進並使用這種手槍。考量到和之國處於鎖國時代，也就是背景近似於幕末時期，因此以藏的手槍在和之國應該也是已知的武器吧。

此外，尾田老師在第70集的SBS裡，也畫了以藏小時候的樣子。畫面中有兩個梳髮髻的男人分別在彈奏三味線及和太鼓，而在他們前方的以藏則是穿著和服，手上拿著兩把舞扇正在跳舞。而且他的髮型是青少年在成人式之前會梳的若眾髻。從和風樣式就等同於和之國的推論來看，以藏應該就是來自和之國，而且可能跟同為白鬍子海賊團的艾斯的和之國之旅有關聯。

還有，從以藏年幼時的模樣可以知道他是個舞者，儘管當時他梳的是若眾髻，但在馬林福特頂點戰爭中，他卻擦著口紅，而且梳的是日本女子的傳統髮髻，讓人聯想到歌舞伎中的女形。而說到舞蹈，除了歌舞伎之外，其他還能想到的就是能劇與狂言等日式傳統戲劇，但這些戲劇中並沒有女形，因此以藏小時候可能就是和之國歌舞伎演員的小學徒。

10．指專門反串成女性角色的男歌舞伎演員。

## ▼穿著和服便裝的海軍本部上將藤虎

為了防止魯夫與羅在多雷斯羅薩亂來，海軍派過去的人到第70集第700話才揭曉其名字，那個人就是海軍本部的新上將藤虎。他在第71集第701話現身，一擊就打倒海賊的驚人劍術，讓索隆發表了**「不是個省油的燈……」**（第71集第702話）這樣的感想。

我們已知藤虎的額頭上有個很大的十字傷痕，而且眼睛失明。提到眼睛失明的盲眼劍客，就會讓人想到改編自1948年子母澤寬執筆的小說**《座頭市物語》**，由勝新太郎在1962年主演的電影，近期則是於2003年由北野武主演而成為話題之作的**「座頭市」**。

「座頭市」是在述說過去曾犯過罪的盲眼劍客，以威嚇力十足的拔刀術與惡人對戰的故事。這部作品的參考對象是江戶時代後期一位名叫飯岡助五郎的劍客。藤虎的姿態及拔刀的場面，都讓人想到勝新太郎所演的座頭市，可以看到兩者有許多相似之處。而藤虎的樣貌從和服便裝、刀等等，很明顯地散發出來自和之國的氣息。

海軍本部上將藤虎**「只是小試牛刀」**（第72集第713話），便輕鬆地使用能力，讓天空降下隕石改變了地形，顯然是個實力堅強的人。提到擁有改變地形的能力，還有過去白鬍子所有、後來被黑鬍子奪走的**「震動果

**實」**，看起來兩者擁有同等的威力。

此外，由於隕石是存在於行星際太空的固體物質，可見藤虎的能力規模不僅限於地球，而是宇宙規模的等級。就連多佛朗明哥都驚呼：**「開什麼玩笑啊！」**（第72集第713話）因此他的實力會帶來多大的威脅性實在難以估量。

如果藤虎真的來自和之國，那麼在「多雷斯羅薩篇」裡可能會和錦右衛門及桃之助相遇，這麼一來，和之國的相關情報或許就會明朗化了。

## ▼索隆的老師耕四郎原本是和之國的劍士？

索隆的老師**「耕四郎」**在索隆的故鄉**「西摩志基村」**開設道場，教導小朋友劍術，而這個角色也是穿著和服便裝。在**「航海王最終研究」**系列第三冊裡，從他的外表和讓人覺得他不只是單純道場主人的種種因素，推測他也是來自和之國的人。

如果認為他只是因為劍術老師的身分才穿著和服，那就可能忽略了一點——包括索隆在內，所有來向他學習劍術的孩子都是穿著西式服裝。此外，索隆的青梅竹馬克伊娜意外死亡時，索隆請求身為她父親的耕四郎允許，讓他帶走價值一千萬貝里的配刀**「和道一文字」**作為紀念。對區區一名道場主人來說，那顯然是個過於貴重的武器，基於此，耕四郎以前是和之國的知名劍士這個推測，也就增加了可信度。

第60集第589話裡，當多拉格率領革命軍造訪西摩志基村時，有一句對白似乎別有深意——**「村子裡的道場給了我們一些糧食」**。儘管我們可以做出西摩志基村的道場＝耕四郎這樣的推論，但實在難以想像一介道場主人居然儲備了足夠的糧食，可以補給航海途中的革命軍。想必耕四郎事先應該知道革命軍跟多拉格會來訪，也就是說，他是個跟革命軍有聯繫的人物。

多拉格與魯夫父子、耕四郎與索隆師徒——他們各自分屬於革命軍及草帽一行人，從這點來看，不久的將來很可能會對上，也或許發生的時機就在「和之國篇」。

## ▼造訪前羅傑海賊團船醫可樂克斯的謎樣斗笠男子是金獅子？

收錄在**《ONE PIECE BLUE DEEP 絕讚的角色世界》**一書中，標題為**〈STRONG WORLD〉**的第0話，描繪了在魯夫出生之前的海賊王羅傑的故事，而傳說中跟羅傑齊名的大海賊**「獅鬼」**就是在此處登場。

外號「金獅子」的獅鬼，身上穿的也是和服的一種，那是名為羽織袴的禮裝和服。此外，他的髮型也像歌舞伎演員的假髮那樣披散著金髮，甚至拿著**「櫻十」**、**「木枯」**等名稱極具日本刀風格的劍作為武器。從這些跡象來看，我們推測他也是來自和之國的人。

在第64集第631話的扉頁圖系列**「來自世界的甲板Vol.16雙子海角」**裡，曾在羅傑的海賊團擔任船醫的可樂克斯，跟一個戴斗笠的男子正在飲酒同樂。可惜的是畫面上只有出現男子的背影，這個令人在意的人物到底是誰呢？

提到斗笠，就如同艾斯在和之國學習編織方法後送了一頂給小歐斯Jr.的故事那樣，會讓人聯想到那是和之國特有的帽子。此外，男子身上穿的直條紋衣服，跟與羅傑齊名時的獅鬼身上的羽織袴是同樣的花色，髮型跟獅鬼也很像。說不定造訪可樂克斯的就是獅鬼本人，兩人正在暢談過世已久的羅傑相關回憶呢。

## ▼五老星的其中一員——穿著和服的老人持有「鬼徹」？

世界政府的最高權力者五老星，請回想一下他們最初登場的第25集第233話。畫面中在四位身穿西裝的老人身旁，有一位老人帶著刀、身穿和服便裝。從外貌看來，這位老人很可能也跟和之國有很深的關係。

錦右衛門與桃之助兩個人因為武士的身分，有著極強的自尊心。而這位身穿和服便裝的老人家，在一群視黑色西裝為正式服裝的人當中，仍堅持這樣的裝扮，從這點可察覺到他對於武士這個身分應該非常引以為傲。

此外，仔細注意這位老人手上拿的刀，和索隆在「羅格鎮」武器店買到的「三代鬼徹」相互對照，會發現兩者的刀柄和刀鍔非常相似。可是，當時把鬼徹讓給索隆的武器店老闆賣一刀卻說：「以初代鬼徹為首的鬼徹一派之刀雖然很優秀，但卻全部都是妖刀！」「許多有名的劍客們因為使用『鬼徹』而死得非常淒慘。」（皆出自第11集第97話）如果他說的話為真，那麼現在使用鬼徹的人應該只有索隆才對。

不過，賣一刀並沒有看過鬼徹的主人，只是聽說而已，從這點來看，就不能忽視五老星手中所拿的刀，那很有可能是索隆持有的妖刀鬼徹一派中的初代鬼徹或二代鬼徹。事實上，使用三代鬼徹的索隆也沒有淒慘地死去，而是不斷地成長。

就像這樣，可能來自和之國的人不只存在於海賊之中，也可能是與革命軍有關的人，或是隸屬於海軍的人，甚至也有可能是站在權力頂端的五老星，每一位都相當活躍。《航海王》中經常會以各種社會問題作為主題，或許尾田老師是想要傳達**「不能光憑國籍或出身作為評斷人的標準」**這樣的訊息。我們期待未來魯夫前往和之國後，能夠解開更多的謎團。

# 桃之助是未來的將軍？與幕末時期極為相似的和之國

## ▼從桃之助的「將軍」宣言來思考和之國的國家體制

前面提過，和之國保有與其他國家極為不同的獨特政治文化和民俗風情。提到**「鎖國」**、**「武士」**等等，腦海中就會浮現日本江戶時代的國家體制。在本系列第二冊中，推測過和之國是以江戶時代的幕藩體制為參考原型，而現在無論是誰來看，恐怕都會認為顯然就是如此。連**「和之國」**這個名字的由來，應該也是源自於日本的舊名——**「倭國[11]」**。在第70集第699話中，描繪了桃之助在洗澡時，羅賓替他擦拭身體的畫面。八歲大概就是現在小學二、三年級的年紀，像擦拭身體這種簡單的行為應該可以自己做到才對。可是，他卻理所當然地讓人幫他擦身體，可見桃之助在和之國生活時期的地位之高，以致身邊的人都會幫他打點好周邊大小事。

11．此處的「和」與「倭」日文發音相同。

桃之助曾在和魯夫打架時吼著：**「那在下就是……總有一天會成為『和之國』將軍的男人！笨蛋！」「你頭抬太高了！」**（皆出自第71集第701話）還有第705話中，**「確保千陽號安全組」**在玩將軍桃之助、臣子喬巴衛門、女侍娜美的扮家家酒遊戲。儘管只是個八歲小孩，但很難想像對武士地位十分自豪的桃之助會信口開河，因此這些言行舉止可能是暗示他在祖國之身分立場的關鍵，同時也可以推知和之國有**「將軍」**這種地位。這麼一來，**「和之國＝江戶時代」**的幕藩體制論就更有可信度了。

接下來簡單說明一下江戶時代的幕藩體制，那是一種以將軍為權力頂端的中央集權制度，明確地將武士與農民區隔開來，是建立在**「兵農分離」**之身分制度基礎上的封建政治。這樣的國家，是以石數作為基準來決定領主擁有多少土地所有權，以士農工商為身分基準來統治老百姓。

此外，江戶時代也施行鎖國政策，關閉了與外國之間的貿易、交通等外交往來。鎖國政策的缺點就是無法引進國外的文化與技術，但相對地卻能夠發展出獨有的文化和產業。而在江戶時代，統治國家的是**「德川家族」**。

將軍一職是以直系血脈為優先，代代相傳，如果將軍家沒有誕下子嗣，就會從被稱為御三家的親族家系裡選出繼任的將軍。也就是說，能夠成為將軍的人可能是將軍的兒子，或是御三家的人。

如果《航海王》中的和之國國家型態與江戶時代的幕藩體制相同，那麼，說自己會成為將軍的桃之助，可能就是與將軍家相當親近的親族之人，也表示錦右衛門父子是身分相當高的人物。

江戶時代的幕藩體制是個在身分區別上相當嚴格的社會。原則上，只允許武士階級的人把刀插在腰間，連衣服、鞋子、髮型都有很細部的規定。也因此，非將軍候選人的人若是隨口說出要當將軍這樣的話，就算被治以不敬之罪而砍頭也怨不得別人。從這一點來看，桃之助跟錦右衛門應該是身處於說這種話也沒關係的地位。

## ▼錦右衛門父子在將軍繼位之爭中敗北？

我們推測錦右衛門父子在和之國的身分地位應該很高，但他們卻告訴草帽一行人自己正在逃亡——**「我不能告訴你們我們被追殺的原因！」**（第70集第700話）

這裡就產生了一個疑問，為什麼高居將軍候選人之位的桃之助等人，會被祖國追殺呢？儘管不能明說被追殺的原因，但可以推測應該是與和之國或將軍家族相關的極高機密。如果將這樣的狀況套用於江戶時代來看，被視為下任將軍的桃之助在逃亡，顯然應該與繼承者之爭有關。

結束江戶幕府的最後一任將軍——德川慶喜，是歷經了各種波折才登上將軍之位。慶喜的父親並非上一任將軍，而是德川御三家之一的常陸水戶藩藩主德川齊昭。

齊昭與慶喜活躍的時期，是在江戶三百年的歷史中被稱為幕末的混亂末期。齊昭雖然是知名的明君之一，但在第十三代將軍德川家定面臨繼承人的問題時，他卻與當時幕府中亟欲穩固權力的大老井伊直弼起了衝突。為了阻止井伊直弼獨斷地決定將軍繼嗣問題，齊昭沒有獲得登城許可就進入江戶城。在嚴格講求規矩禮儀的江戶時代，齊昭的行為是必須接受處罰的。這個舉動也觸怒了直弼，對他下了永久蟄居的處分，於是他就這樣消失在政治舞臺上。當時，齊昭是推舉自己的兒子慶喜成為下一任的將軍人選，但最終還是由德川家茂繼任第十四代將軍。

假設我們把齊昭換成錦右衛門、慶喜換成桃之助來看，儘管父親錦右衛門把桃之助當成**「下任將軍」**來培育，但最後卻敗在了巨大的權力之下，以待罪之身逃亡。不難想像結果就是招致追殺。而因為爆發繼承人問題而必須逃離國家的這種狀況，表示集權政治正在瓦解——**和之國正處於江戶幕府末期的狀態**，這樣的可能性又增添了幾分。

## ▼若和之國是參考自幕末時期，那麼國家情勢就正處於危急的狀態？

所謂的幕末時期，就是日本因為實行鎖國政策而未遭到其他國家侵略，過著安穩日子之際，培里卻忽然率領黑船出現，並要求開國，於是幕末時期便以此事件揭開了序幕。由於害怕會遭到外國侵略，以及對幕府政治的不信任，導致統治長達三百年的幕藩體制逐漸瓦解，幕府以外的各藩開始採取強硬的態度並提出意見，可說是個國政混亂的時代。

目前為止在《航海王》中，也出現好幾次國家被篡奪的例子。其中一個具代表性的例子就是位於**「偉大的航路」**前半段的**「聖汀島」**上，沙漠中的**「阿拉巴斯坦王國」**。在「阿拉巴斯坦篇」裡，表面上成為英雄的克洛克達爾，卻率領著犯罪組織巴洛克華克企圖奪取阿拉巴斯坦王國。而察覺到不對勁的公主薇薇，在草帽一行人的幫助之下，阻止了克洛克達爾的陰謀，平定王國的內亂，這是本篇大致的故事內容。

此外，位於一萬公尺高空的國家**「SKYPIEA」**，也是因為**「艾涅爾」**忽然出現，驅逐了上一代的神**「甘・福爾」**，開始長達六年的恐怖統治。然而，艾涅爾所擁有操縱雷電的**「轟雷果實」**能力，對橡膠人魯夫卻沒什麼作用，於是艾涅爾就被草帽一行人趕出了SKYPIEA。

由此看來，和之國也很有可能像阿拉巴斯坦王國和SKYPIEA一樣，被人民之外的外來者侵略，使得國家陷入了危機之中。但如果和之國的原型是幕末時期，那其中的複雜程度，就跟單一敵人入侵的阿拉巴斯坦王國和SKYPIEA完全不一樣了。

幕末時期的日本，除了前面所說的來自海外要求開國的**「外患」**之外，還有主張推翻幕府的**「維新志士」**。也就是說，即使單純來看，也有**「幕府」**、**「維新志士」**、**「各國」**等三大勢力在彼此鬥爭。

如果桃之助身處於可能成為將軍的地位，那麼他與錦右衛門應該可以視為幕府這一派。可是，若再考量發生在他身上的繼承人之爭，那麼他所屬的幕府內部或許也陷入了複雜的內鬥狀態。也就是說，很可能無法像阿拉巴斯坦或SKYPIEA那樣，只要打倒某人就能解決所有問題。說不定錦右衛門一行人是為了讓面臨危機的國家得以存續下去，才帶著某種決心踏上旅程。

## ▼「和之國篇」也會有革命軍、世界政府和海軍登場？

假設錦右衛門父子是屬於幕府派的人，那麼相當於維新志士及各國的對抗勢力，應該也會在「和之國篇」裡登場。在**「航海王最終研究」**系列第三冊中，我們也提出了**「幕府＝和之國、各國＝世界政府、維新志士＝革命軍」**這樣的預測。

維新志士懷抱著革命的思想，想要推翻維持了三百年、國力卻逐漸衰弱的江戶幕府，建立足以對抗各國列強的全新盛世。

《航海王》中的革命軍，也是以推翻世界政府這個巨大政體為目標的組織，由於他們志在推動革命，應該相當於幕末的維新志士，或是跟支持維新志士的外國勢力有關。

此外，前面我們在探討索隆的老師耕四郎是否來自和之國時，也提及他與革命軍有關的可能性。由於和之國是連海軍都無法接近的鎖國國家，因此就算是革命軍，應該也無法輕易靠近。基於這個原因，來自和之國的耕四郎，非常有可能負責安排革命軍的入境事宜。

活躍於幕末時期的維新志士中，有一號人物來自長州藩，名叫桂小五郎（即後來的木戶孝允）。桂小五郎是個劍術高明的劍客，在名為練兵館的劍術道場中擔任門生指導員，但他的外號卻是**「逃跑小五郎」**，據說他絕不拔劍，且在被追到無處可逃時就會以變裝的方式逃離現場。他也是締結薩長同盟，促使江戶幕府加速崩壞的其中一人，對於明治維新的推動功勞甚大，其偉大的事蹟至今仍被傳頌著。

耕四郎與桂小五郎，這兩個名字的日文發音聽起來有些相似。而除此之外，身為道場主人的耕四郎，與擔任道場指導員的桂小五郎的經歷，更讓人感到熟悉。假設耕四郎的原型就是桂小五郎，那麼道場主人的身分很可能就是變裝時所假扮的模樣。耕四郎與革命軍有關的可能性在前面已經提過，說不定兩者之間的關聯就是為了在和之國推動維新，也就是說，耕四郎是個維新志士。

幕末時期的另一個勢力就是**「各國」**，也就是海外列強。在江戶幕府約兩百年鎖國政策的影響之下，國內追不上各國科技進展的腳步。也因此，培里的黑船來航才會成為撼動國家的大事件。

從關於和之國的描述看來，應該跟江戶時代一樣是個長期鎖國的國家。由於武士守護著國家，因此就連海軍都無法接近，但就跟江戶時代一樣，那應該都已經是**「過去的事」**了。如果真是如此，就像培里在幕末時期要求開國一樣，對於沒有加盟世界政府的和之國，直屬世界政府的海軍極有可能強行要求開國和加盟。

綜觀以上分析，我們認為和之國可能爆發了三個強大勢力之間的衝突。人民被捲入未曾經歷過的時代洪流，就像江戶時代末期一樣陷入了極大的混亂。此外，另一個勢力——草帽一行人，也在此時出現……當然，他們肯定會基於自己的價值觀而自行跳進這場混亂中吧。光是想像就可以預見「和之國篇」將會充滿波折。

無論如何，錦右衛門父子的目標是前往**「佐烏」**這個地方，那裡應該有拯救和之國現狀的關鍵吧。

# 錦右衛門是和之國的重要人物?!或者只是脫藩的志士?!

## ▼來自鎖國國家「和之國」卻能出國遠遊的錦右衛門是個大人物？

在「龐克哈薩特篇」登場的和之國武士錦右衛門，對娜美說出這樣的話：**「一個女人居然敢對身為武士的在下這樣說話！」「女人應該保持在男人身後三步的距離，並且以嫻淑、內斂的口氣說話！」**（皆出自第67集第657話）由此可見，和之國是個男尊女卑的國家。

再加上他經常把武士之恥這類的話掛在嘴邊，可見他擁有**「身為武士的尊嚴」**。從這幾點可以推測和之國是有階級制度的，其中武士則具有一定的身分地位。

如前所述，和之國很可能是參考自日本的幕末時期。當時有倒幕派、開國派等被稱為維新志士的武士，他們因受到西方的影響而擁有進步的思想。像錦右衛門那種抱持男性至上主義的武士，則來自以會津藩為代表的舊體制地區。

而這個時代的武士別說出國，就連離開自己居住的地區都很困難，即使賭上家人的性命也不容易取得私人旅行的許可。武士可以出門旅行的理由，都是接獲所屬藩的外派命令，也就是公務旅行。

如果和之國的國家體系與江戶時代相同，那麼從儘管有鎖國政策，錦右衛門卻可以出國這點看來，表示他拯救兒子應該算是公務。這就表示桃之助對和之國來說是個非常重要的人物。

就像桃之助本人所說：**「一切起源於在下因為某個緣故……而搭某艘船『偷渡』……」**（第69集第685話）我們知道他們是祕密出航。在江戶時代的日本，這種行為等同於**「脫藩」**，未經許可就離開的事一旦曝光，可是連親兄弟都會遭到拷問的重罪。

綜觀前述，可以推測錦右衛門父子應該是和之國的重要人物。

# 最後一塊拼圖是桃之助的推論?! 適合他的位置跟傑克一樣是〇〇？

## ▼桃之助繼承魯夫草帽的那一天會到來嗎？

在「龐克哈薩特篇」的最後，終於揭曉了錦右衛門與桃之助的目的。錦右衛門說：**「我們出海……原本是要前往一個叫『佐烏』的地方。」**（第70集第700話）儘管目前還不知道那到底是什麼地方，但也提到了由羅擔任船長的哈特海賊團部下們都在那裡，等破壞了多雷斯羅薩的SMILE工廠之後，羅也打算前往該處。

去佐烏到底有什麼目的，我們現在也只能靜待發展，但尾田老師說過，總有一天魯夫一行人會前往和之國，這麼看來，錦右衛門他們應該也會同行吧。事實上，對於要求一同前去佐烏的錦右衛門，魯夫也說：**「好啊！乾脆一起去和之國吧！」**（第70集第700話）

如果要實現這句話，那麼故事發展應該會像薇薇那時候一樣，由魯夫一行人親自把錦右衛門父子送回和之國。我們之前推測過桃之助是和之國重要人物的可能性，就像薇薇是阿拉巴斯坦公主那樣，桃之助是和之國將軍候選人的推論，也因此有了可信度。

而且在書迷之間還流傳著一種說法，認為桃之助可能是草帽一行人的下一個夥伴。這個猜測的根據，就是草帽一行人還欠缺一個非常適合桃之助的位置。那個大家議論紛紛的位置就是**「見習生」**。海賊王羅傑的船上曾經有傑克和巴其當見習生。就像羅傑把草帽交給傑克一樣，這頂草帽也將會從魯夫傳給下一位繼任者吧。而這時必須要有的就是見習生了。

此外，桃之助在垃圾桶底部時，因為肚子太餓而氣喘吁吁，差點昏倒的那一瞬間，看到了多佛朗明哥的幻影。這應該代表桃之助跟多佛朗明哥之間有某種連結。唐吉訶德家族的喬菈也說過：**「少爺的命令是『綁架桃之助』！還有『奪取船隻』！」**（第72集第714話）看來對於追捕逃之助似乎相當執著。

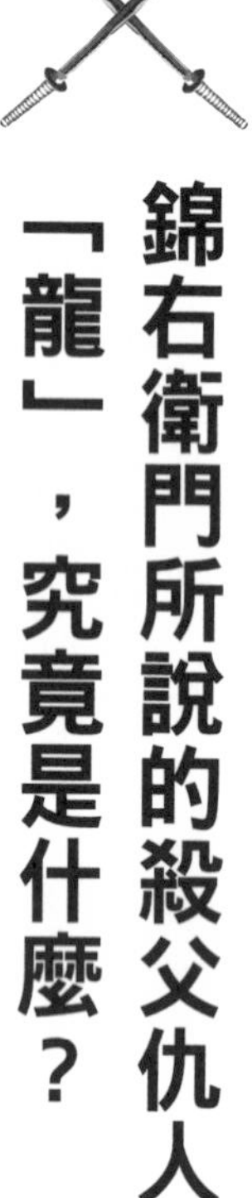

# 錦右衛門所說的殺父仇人——「龍」，究竟是什麼？

## ▼龍指的是革命軍的首領多拉格，還是世界政府……

在「龐克哈薩特篇」裡，錦右衛門在遇到龍時出現了異常激動的反應，還說：**「聽到『龍』，在下就不能置之不理！牠跟在下有仇！所以在下一定要親手除掉牠！」「可惡的龍！」**（皆出自第69集第682話）同時毫不留情地踢著被砍倒的龍，說道：**「牠確實就有如……我的殺父仇人！」**（第69集第682話）錦右衛門對龍所表現出來的強烈恨意，就連布魯克看了都忍不住加以阻止。

提到《航海王》裡的龍，首先想到的就是革命軍的首領，同時也是魯夫的父親——**「蒙其·D·多拉格[12]」**。對於錦右衛門而言，他是仇人的可能性也不能說完全沒有。

從前面我們所考察的**「革命軍＝維新志士」**，再加上錦右衛門對龍（或者多拉格）的恨意來推測，或許和之國在革命軍的推動下已經達成了維新的目的。瀕臨瓦解的幕府，為了家族的存亡而讓父親帶著桃之助一起逃到國外，這樣的發展也不是不可能。

而提到龍，桃之助所吃下的人造惡魔果實也讓人很在意。既然桃之助吃下的是被視為**「失敗作品」**的果實，那麼貝卡帕庫應該製造了不少其他相同的果實。

說不定和之國過去曾遭到吃了貝卡帕庫人造惡魔果實的能力者攻擊。從那裡曾有武士龍馬砍下飛天龍的傳說來看，至少可以肯定和之國內有龍的存在。

12．「多拉格」與「龍」（Dragon）的日文發音相同。

# 多佛朗明哥不斷追捕錦右衛門等人的理由

## ▼和之國已經成為海道的地盤？

**「『新世界』的大海賊們在大海上……幾乎都有自己的『地盤』，並且率領著無數的部下……像是巨大的犯罪組織般控制著各自的地盤。」**（第70集第698話）就如這段話所說，**「偉大的航路」**後半段海域似乎到處都是海賊們所統治的島嶼。

例如，之前魚人島就是白鬍子的地盤。可是在他死後，魚人島又用零食來交換BIG MOM的名號以獲得保障；如今，魯夫則揚言要**「把魚人島變成我的地盤」**（第66集第651話）。

至於由多佛朗明哥當國王的多雷斯羅薩，當然就是多佛朗明哥的地盤。可是當羅說：**「對你來說……現在最重要的交易對象就是……『四皇』之一的……大海賊『百獸海道』。你才是應該不能惹他生氣吧？」**（第70集

第697話）這時多佛朗明哥的表情顯得相當焦躁，由此可見海道的影響力應該相當大。

另一方面，來自和之國的錦右衛門父子在與羅對話時，一聽到海道的名字，震驚得眼珠子都要掉出來了。可是當索隆問他們原因時，他們又只說：**「沒事！沒事啦！繼續說吧！」**（第70集第698話）並沒有說明理由，只是表現得很慌張。

對於害怕四皇海道這一點，多佛朗明哥和錦右衛門是相同的。如果由武士們守護的鎖國國家和之國，敗給了四皇之一的海道，且目前已經納入他的統治之下，就能理解錦右衛門對海道的恐懼了。

此外，我們也知道海道向多佛朗明哥收購大量的**「SMILE」**。正如羅的說明——**「人造的動物系惡魔果實」**（第70集第698話）「SMILE」就是動物系果實。假設其中有能夠變身成龍的果實，那麼海道與龍之間很可能就產生了關聯。

無論如何，和之國的現狀，是可能成為將軍候選人的桃之助離開國家遠行的情勢，由此可以推測那裡肯定發生了一些會撼動國家的大事件。

## ▼非世界政府加盟國的和之國人民，有助於奴隸買賣的生意？

錦右衛門與桃之助會來到龐克哈薩特，是因為在前往佐烏時遭到攻擊，儘管漂流到多雷斯羅薩，卻被多佛朗明哥追殺。此外，我們也知道他們是四個人一起航行的。除了錦右衛門、桃之助，以及在多雷斯羅薩當人質的勘十郎之外，還有另一名同伴。

錦右衛門一行人為什麼會被多佛朗明哥等人追捕呢？首先，由於和之國的人民有其獨特的文化風俗，因此一眼就可以看出他們出身自何處。而和之國並不是世界政府的加盟國。也就是說，如同第51集第501話中出現的**「人口販賣．拍賣會基本最低價行情」**那樣，他們應該是可以被拍賣的人。

而在夏波帝諸島暗地經營人口販賣的，正是地下商人JOKER，也就是多佛朗明哥。既然多佛朗明哥十分熟悉地下世界，就算在其他地方也有經營相關的人口販賣拍賣會會場也不足為奇。可是，多佛朗明哥說過：**「白痴，我告訴你……『販賣人口』已經落伍了……現在是講求『SMILE』的時代。」**（第52集第504話）由此可見他似乎已經打算收手了。

多佛朗明哥之所以會追捕錦右衛門等人，是否盤算著要把將軍候選人桃之助與他父親錦右衛門，交給將和之國納為地盤的海道，然後再把勘十郎及另一個同行的人放到奴隸拍賣會上賣掉呢？既然是非世界政府加盟國的人民，買賣就完全合法，如果又是身手了得的武士，便可望賣到很好的價錢。

為了統治國家，於是把有價值的將軍候選人送給海道，再把剩下的當成奴隸分別賣掉——來自和之國的四個人，對於多佛朗明哥而言簡直就是天賜的寶物。

關於目前還有許多謎團的四皇海道，錦右衛門及和之國的相關訊息，可能會成為揭開其真面目的重要關鍵。

# 和之國會有吉原、新選組和忍者等元素登場嗎？

## ▼喜歡各種時代劇的尾田老師所創作的和之國

尾田老師是各種時代劇的狂熱者，從小就是落語、**「次郎長三國志」**、**「七武士」**的粉絲，這些是在他上廣播節目**「鈴木敏夫的吉卜力大汗淋漓」**時提到的，還引發不小的話題。

此外，尾田老師曾經擔任和月伸宏老師的助手，當時由於漫畫**《神劍闖江湖》**大賣，造成了空前的幕末熱潮。也就是說，對於尾田老師而言，時代劇跟幕末時期一直是很熟悉的存在。正如前面所提到的，就連尾田老師自己都非常期待畫和之國的橋段，還說過很可能會把所有的興趣都展現出來呢。

那麼，在尾田老師筆下的《航海王》中登場的和之國，會有什麼樣的世界觀呢？

提到幕末時期受歡迎的人物，幕府派這邊有**「新選組」**，維新派這邊則有**「坂本龍馬」**。當時還有**「吉原遊廓」**這樣的風月場所。除此之外，提到日本時不可缺少的諜報組織**「忍者」**及**「女忍者」**、統治寺廟的**「僧」**等等，這些人物的登場都讓人有很高的期待。

還有一點讓人很在意的就是——和之國是否有海賊的存在。在日本歷史中，遠在比江戶時代更早的平安時代，海賊就已經嶄露頭角，四處搶奪擄掠，後來約莫在中世紀時變為水軍這樣的組織。他們除了進行海外貿易之外，還會在海上關隘徵收通行費用，是個與大海息息相關的組織。

可是，在1588年豐臣秀吉頒布了海賊禁止令後，水軍組織便跟著瓦解，到了江戶時代，由於鎖國政策，領主們都無法擁有或建造大型船隻，水軍也就完全銷聲匿跡了。

從《航海王》中錦右衛門及桃之助對海賊的厭惡程度看來，或許和之國並不存在海賊這樣的組織，並且認為海賊是會渡海而來侵略自己國家的人。

「魯夫等人
一定會前往和之國的。
我從以前
就很想畫這樣的故事呢。
說不定到時候
會把我的興趣都展現出來呢。
嘿嘿～～」

By　尾田栄一郎（第69集第682話 SBS）

Possibility that a place by the utmost point and rough Tell are a floating island

# 第7航路

# 最終之地・拉乎德爾是飄浮島的可能性

拉乎德爾並沒有「一個大秘寶」?!

# 最終之島．拉乎德爾並沒有「一個大秘寶」？

## ▼海賊所追求的「一個大秘寶」之所在地

《航海王》這部作品裡充滿了各種謎團，其中讀者最為關心的就是**「偉大的航路」**終點的那座島——**「拉乎德爾」**。除了一定跟結局的發展有關之外，應該也有不少書迷預測許多海賊在尋找的**「一個大秘寶」**就在那裡。

羅傑放在世界上某處的**「這世上的一切」**，指的就是「一個大秘寶」的可能性極高，到目前為止，沒有任何人明確說出是不是就在拉乎德爾。

儘管跟羅傑經歷同一個時代的白鬍子在頂點戰爭時說出：**「『ONE PIECE』……真的存在！」**（第59集第576話）但卻沒有提及關於拉乎德爾的事。

關於目前還包圍著許多謎團的拉乎德爾，在本系列第一冊中也做出了各種假設並進行驗證。

首先，要抵達拉乎德爾應該是有必備條件的。羅傑跟白鬍子一起喝酒時說：**「我告訴你怎麼去拉乎德爾吧。」**（第59集第576話）這裡所指的**「怎麼去」**，可以單純解釋為航行的路徑。但請各位回想一下，可樂克斯在敘述關於拉乎德爾時的場景。從**「顛倒山」**出發的七條航路，在經過**「紅土大陸」**之後變成五條，最後全都集中於拉乎德爾前方的那座島。

也就是說，我們提出一個假設——從**「前方的那座島」**到拉乎德爾，是否需要達成什麼條件呢？

順帶一提，就連羅傑船上的船醫可樂克斯，儘管已經確認了拉乎德爾的存在，但是關於「一個大秘寶」就在拉乎德爾的說法，也只回答：**「雖然這種說法最有利，但卻沒有人抵達過那裡。」**（第12集第105話）

## ▼「一個大秘寶」到底是什麼？

雖然我們非常在意拉乎德爾的所在地與前往的方法，但「一個大秘寶」到底是什麼，這點也是很大的謎團。

其中可能成為提示的，就是對金銀財寶愛不釋手的巴其所說的話。巴其在羅傑海賊團見習時期就曾說過：**「你跟這船上的海賊，對寶物的態度都太消極了！」**（第3集第19話）也就是說，羅傑對金銀財寶方面的興趣似乎不大。若是如此，那麼把羅傑所說**「這世上的一切」**解釋為**「財寶」**的話，似乎言之過早。

此外，年輕時的羅傑剛認識雷利時，就開口邀請他：**「──你要不要跟我一起去顛覆世界啊？」**（第61集第603話）這應該才是羅傑原本的目的，他一開始就沒有追求財寶的意圖。

此外，白鬍子從羅傑那裡聽說了**「D的意志」**的細節，似乎也知道了「一個大秘寶」到底是什麼，他斬釘截鐵地說：**「當有人找到那個寶藏的時候……世界就會被顛覆！」**（第59集第576話）無論是數量多麼龐大的財寶，實在很難想像光是被發現**「世界就會被顛覆」**。

綜觀這幾點，可以推測「一個大秘寶」的真實面貌，應該不是金錢意義上的**「財寶」**。

因此，本篇除了把拉乎德爾視為「一個大秘寶」最有可能的放置地點之外，還要持續聚焦在這個仍充滿謎團的地方，以此進行考察。

在探究拉乎德爾的真相時，會想到的線索果然還是海賊團成員的這句證詞：**「歷史上，曾經親眼確認那島嶼存在的人們，只有海賊王那群人。」**（第12集第105話）不過，曾經擔任團中船醫的可樂克斯所說的這番話，讓人覺得有點不太對勁。他說羅傑海賊團**「親眼確認」**拉乎德爾，而不是用**「登陸」**這個詞。這麼說到底代表了什麼含義呢？

如果直接照字面意思來看，也可以說羅傑一行人只有**「親眼確認」**了拉乎德爾，並沒有實際抵達。假設要去拉乎德爾真的需要滿足某項條件，那麼跟白鬍子說**「我告訴你怎麼去拉乎德爾」**（第59集第576話）的羅傑，應該知道方法才對。或者，儘管羅傑知道怎麼去拉乎德爾，卻無法滿足必備的條件嗎？

# 在《格列佛遊記》中看到與《航海王》的共通點

## ▼令人印象深刻的描繪——「被小人抓住的人類」

《航海王》裡有許多以各式各樣的例子作為原型的國家、人物和故事，當中除了現實世界中的國家與人物之外，還有神話、童話等等。若以此為前提來思考，拉乎德爾的設定或許也是以什麼為原型。

這裡我們要特別注意的，是愛爾蘭作家喬納森·斯威夫特（Jonathan Swift）所寫的**《格列佛遊記》**。

這本書的正式書名是**《從船醫起家後來成為多艘船船長的萊繆爾·格列佛所寫，四篇到世界各個偏僻角落旅行的遊記》**，正如書名所說的，這是船醫格列佛把經歷的各種神奇故事整理過後寫出來，是屬於遊記體裁的小說。全書由四篇故事構成，作品中許多場景的描述，應該都是出現在《航海王》裡的島或故事的原型。

提到《格列佛遊記》中最有名的場景，就是漂流到小人國的格列佛，被綁在地面上動彈不得的那一幕吧。《航海王》中也有一幕場景與此非常相像。

那就是迷路跑進**「頓達塔王國」**的羅賓，被縫在地面上全身動彈不得的場景。當時縫住羅賓的當然就是小人族。這讓人印象深刻的場面描繪，顯然就是從《格列佛遊記》得來的構想。

格列佛所抵達的島嶼上的居民，都是身高只有一般人十二分之一的小人，就如同身體的大小比例一樣，他們感興趣的也都是些小事，是非常正直的種族。從身體的尺寸或性格來看，都與《航海王》中登場的**「頓達塔族」**非常相似。頓達塔王國就是以《格列佛遊記》中描述的小人國為原型，這點應該沒有錯。

不只是現實世界，連文學也能成為尾田老師的研究材料，這樣的尾田老師會將以**「船醫航海」**為題材的《格列佛遊記》當作創作構想，也就沒什麼好奇怪的了。

## ▼成為展示品到獲得自由的兩年

在第二篇故事裡，格列佛來到巨人所居住的**「布羅丁那格」**。這裡住著身高約十八公尺的巨人，格列佛被視為稀有的小人而遭到捕捉，成為巨人的寵物。

提到巨人島，就讓人想起多利與布洛基不斷對戰的**「小花園」**。雖然魯夫一行人在這裡被稱為**「小小人類」**，不過並沒有被當成寵物。但嚴格說起來，小花園並不是巨人島，而是**「被巨人選為戰場的島」**，如果故事真的進展到前往真正的巨人島**「艾爾帕布」**，魯夫說不定會像格列佛一樣被當成寵物。

在「布羅丁那格」的格列佛，基本上都被關在箱子裡。由於他的音樂素養取悅了王族，因此獲准讓僕人搬運他的箱子走動。由於音樂的關係，他獲得了一定程度的自由。

在種族不同的國家被當成展示品的故事，就如同從夏波帝諸島被拍飛的布魯克所遭遇的一樣。他被巴索羅繆．大熊拍飛到**「破銅爛鐵島．貧困國『哈拉黑塔涼』」**。正好在舉行惡魔召喚儀式的哈拉黑塔涼人民，誤以為他就是惡魔王撒旦。接著，布魯克順勢幫助哈拉黑塔涼人民完成心願報復了**「長手族」**，因此被當成惡魔崇拜。可是就在布魯克因同情被關在鐵籠裡的長手族而釋放他們時，卻被抓到**「劍山島・泰納凱納王國」**當成展示品。

像這樣**「被抓去當展示品」**的故事，就讓人聯想到巨人島上的格列佛。在那之後，布魯克以**「靈魂之王」**之姿成為超人氣歌手，完全是自由之身，得以在兩年後抵達**「夏波帝諸島」**跟魯夫一行人會合。

順帶一提，根據日本岩波文庫出版的《格列佛遊記》中的描述，格列佛離開巨人國是在**「進入第三年之後不久」**。剛好布魯克成為「靈魂之王」與魯夫他們會合的時間點，也可以說是**「進入第三年之後不久」**。繼小人國之後，包括巨人國事件、展示品、音樂素養、自由等關鍵字在內，兩部作品之間擁有諸多共通點，讓人覺得應該不是出於偶然才對。

# 與名作的兩個相似點，推導出「飄浮島」拉乎德爾之說

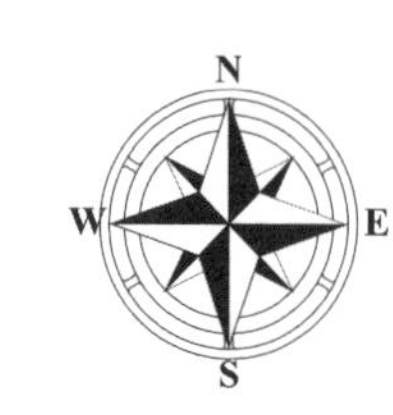


## ▼和船醫的搭船經歷相符的兩個故事

**《格列佛遊記》**的第一篇故事是**「小人國」**，第二篇是**「巨人國」**，而在接下來的第三篇，可能會成為拉乎德爾原型的島嶼登場了。

這座島的名字就叫做**「拉普塔」**，是一座飄浮在空中的神奇島嶼。

先前我們介紹過格列佛是個船醫，第三篇一開始，他就是以船醫的身分受邀上船，還得到超乎規格的待遇——不但有兩名助手及船醫部屬，薪水也變成兩倍。另外還有一些無可挑剔的優異條件，像是共同指揮船隻、船長樂意聽取格列佛的建議、願意接受任何契約內容等等。

可是，船出航後便在海上遇到強烈的暴風雨，因而漂流了五天。後來又遭到海賊襲擊，最後格列佛被丟到小獨木舟上在海中漂流。這時，出現在他面前的就是飄浮在空中的島——**「拉普塔」**。

**《航海王》**裡也有因為技術高超而受邀上船的醫生。**「當時……在大海上風評最好」**、**「可樂克斯才有辦法舒緩那種疾病造成的痛苦」**（皆出自第52集第506話）——得到這般評價的就是可樂克斯。可樂克斯的評價如此之高，也就不難想像羅傑會開出多麼超乎規格的條件來邀請他當船醫了。

此外，說到船醫也不能忘記一個角色，那就是負責治療草帽一行人的喬巴。他會決心搭上海賊船，受到魯夫的邀請只是其中一個理由，他自己也有**「我想去看看世界」**（第17集第153話）的強烈想法。同樣地，格列佛除了超乎規格的待遇之外，還有**「想看看世界」**的願望，這跟喬巴成為船醫出海的動機就有了連結。

儘管出海的時期不同，但在《航海王》中登場的兩位船醫，還是可以說都跟格列佛有共通的想法和經歷。

## ▼拉乎德爾是飄浮在空中的島?!

一般認為，可樂克斯跟羅傑一起親眼確認過拉乎德爾。**「『拉乎德爾』是『偉大的航路』的終點。歷史上，曾經親眼確認那島嶼存在的人們，只有海賊王那群人。」**（第12集第105話）我們就重新來回顧他說這段話時的場景。

當時畫面上所描繪的，恐怕是可樂克斯自己看見的拉乎德爾吧。乍看之下，周遭是無法靠岸的斷崖絕壁，島的中央似乎可見一座高山。若是如此，確實就像可樂克斯所說，羅傑一行人只是**「親眼確認」**，卻因為斷崖絕壁而無法登陸，這樣就解釋得通了。

此外，同樣的這個畫面，依據看的方法不同，也會覺得島好像是浮在空中。

前面說過，在《格列佛遊記》第三篇登場的是飄浮在空中的島嶼——**「拉普塔」**。書上說拉普塔飄浮在**「巴尼巴比國」**的上空，是該國首都，且島上居民都是科學家，是一座非常特殊的島嶼。藉由島嶼底部的巨大天然磁鐵的磁力，飄浮在富含磁鐵礦的巴尼巴比國上空，而且還可以在一定的範圍內自由來去。

如果拉乎德爾是以這座拉普塔為原型，那它就可能是一座浮在空中的島嶼。若真是如此，那麼羅傑一行人雖然能**「親眼確認」**卻無法**「登陸」**的推論，也就產生了連結。

想要抵達飄浮在藍海遙遠上空的SKYPIEA，除了通過**「HIGH WEST的頂端」**，就只有搭上**「沖天海流」**這種特殊的方法。如果抵達拉乎德爾也有其必要條件，一旦滿足了該條件，或許通往拉乎德爾之路便會就此開啟。

順帶一提，在《格列佛遊記》原著中，拉普塔的英文為**「Laputa」**。只要是《航海王》的粉絲，相信有不少人看到這個單字會大吃一驚吧。因為只要再加上兩個字母，變成**「Laphutar」**，就能夠唸成**「拉乎德爾」**了。這讓拉乎德爾是以拉普塔為原型的推論，又更增添了一點現實感。

此外，眾所周知宮崎駿編導的動畫電影**「天空之城」**，也是參考了《格列佛遊記》才創作的作品，其英文拼音也一樣是**「Laputa」**。當然，作品中也有飄浮在天空中的島嶼。

## ▼像涅槃一樣需要外部刺激——「飄浮之島」的貴族們

格列佛所遇到的**「飄浮之島」**上是有居民的。格列佛朝著從上空往下看的人們揮揮手，島的最下方就垂下一根前端綁著椅子的鐵鍊。等格列佛坐上椅子後，便用滑輪把他拉上去，而等待著他的人們所說的話聽起來很像義大利文，但卻是完全不同的特有語言。

原本格列佛的語言學習能力就很強，所以他後來大致得知這座**「飄浮之島」**就是巴尼巴比的首都**「拉普塔」**，有許多貴族居住在這座島上。這座島呈正圓形，直徑為七八三碼（約七．二公里），厚度為三百碼（約二七五公尺）。

若將這個設定套用於拉乎德爾，便可以推測拉乎德爾也有使用自己固有語言的種族在當地生活。

《航海王》的世界中，有著會以**「肚臍！」**作為招呼語，或在句尾加入特殊**「語助詞」**的種族，也有能與海王類對談，擁有特殊語言能力的人。可是到目前為止，還沒有出現與其他人無法溝通的固有語言。唯一比較接近的，就是刻在**「歷史本文」**上的古代文字。說不定，住在拉乎德爾的人就是使用古代語言的種族呢。

此外，書上描述住在拉普塔的貴族們，經常陷入對科學的沉思，總是想得出神，無論誰跟他們說話都聽不見。因此他們身邊會跟著**「敲打人」**，負責給予他們外部刺激，有時候還必須敲打他們的頭，好讓他們回過神來。

這個特徵讓我們想起在**「空島篇」**中登場的涅槃。**「我們……嗯嗯嗯嗯嗯！」**（第27集第254話）涅槃咬著下唇想要說話，卻被歐姆吐槽的樣子，給人的印象跟拉普塔的人很相近。

儘管涅槃的例子也可以解釋成是單純的搞笑，但在與拉普塔一樣浮在空中的SKYPIEA上，涅槃擔任的是神官，而非一般百姓，從這層意義來看，讓人感覺更接近拉普塔的貴族。這部分或許也是尾田老師從《格列佛遊記》中獲得的靈感。

## ▼拉普塔之所以是「飄浮之島」的原因

格列佛前去謁見巴尼巴比的國王，請求了解這座**「飄浮之島」**是以什麼力量來驅動的。

於是他明白了是巨大天然磁石所產生的磁力，成為驅動島嶼的原動力。而天然磁石就位於島中央的巨大洞穴裡，一個名為**「天文學者洞窟」**的地方。

磁石的形狀跟織布時用的**「梭子」**很像，中央部位是膨脹的橢圓形，不妨把它想成類似輕艇那樣的形狀就不會有錯了。長度達六碼，換算下來約五．五公尺。中央膨脹的部分，直徑最大為三碼（二．七公尺）。這塊天然磁石的中央部分被一根石棒貫穿，而這根石棒與環繞在周圍的石輪就扮演著舵的角色。

後來格列佛還得知，這塊天然磁石是由拉普塔底部的岩盤削下來製作而成，而且拉普塔還能自由地在巴尼巴比的領土上空移動。不過，拉普塔是靠著與巴尼巴比境內擁有磁力的礦石相斥，因此才能形成浮力，所以也無法離開領土上空。

若將這些設定活用在《航海王》中，會是什麼情況呢？如果拉普塔是拉乎德爾的原型，那麼應該會有像天然磁石那樣**「讓島嶼飄浮的條件」**才對。但同時也應該伴隨著某種限制吧。就像拉普塔只能在巴尼巴比的領空範圍內活動一樣，拉乎德爾或許也只能飄浮在「偉大的航路」終點。

此外，格列佛要登陸拉普塔時，必須請居民垂下鐵鍊拉他上去。從這點來推測，若沒有島上的許可是無法登島的。假設島上使用的是自己固有的語言，那麼要溝通就變得相當困難。就算是能聽見**「萬物的聲音」**的羅傑，即使能理解他們話裡的意思，但恐怕也很難傳達自己的想法吧。這可能也是必須與其他某個人一同抵達拉乎德爾的原因。

如果拉乎德爾有居民，而他們又是使用古代文字的種族，那他們很可能就是留下「歷史本文」的**「某個巨大王國」**的倖存者及後代子孫。也就是說，等在那裡的很有可能就是**「D之一族」**的祖先。

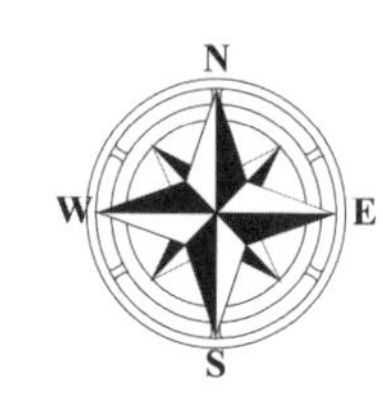


## 世界情勢的相似處，強化了拉乎德爾＝拉普塔的推論

### ▼在異世界「巴尼巴比國」的貴族及高壓政權

除了**「飄浮之島」**拉普塔之外，格列佛降落到地面上的巴尼巴比國時，看見了可說是相當異常的世界情勢。

拉普塔的貴族們似乎多為悲觀主義者，總是想著地球會被太陽吞噬，或被彗星的尾巴包圍而化成灰等等，因此都不工作。為了維持自己的生活，他們不斷壓榨地面上的巴尼巴比國人民。

為此感到憤怒的巴尼巴比國人民，曾經奮起反抗了好幾次，這時拉普塔的人就會把島嶼移動到抗爭地的上空，遮住太陽和雨水以破壞農作物，或是從上空投擲石頭加以制裁，用這些方法來鎮壓。就在這種絕對無法反抗的關係中，施行**「部分貴族的高壓統治」**。

另一方面，巴尼巴比國的人們也憧憬著拉普塔。他們醉心於從拉普塔學到的科學，持續進行完全無用的研究。例如從小黃瓜裡提取太陽光線的研究、先打造屋頂最後才蓋地基的建築法，甚至是在旱田上撒米糠耕種的方法、不讓羊毛**「長出來」**的研究等等。尤其是在農業方面，模仿拉普塔的農耕方法，結果讓肥沃的田地樣貌大變等等，地面上的巴尼巴比國因為這些無意義的研究而逐漸走向荒廢之路。

作者斯威夫特之所以會撰寫**《格列佛遊記》**的第三篇故事，據說就是想**「對科學進行強烈的批判」**。他並非是批判科學本身，而是堅信**「科學應對人類有所貢獻」**。也就是說，他厭惡**「對人類沒有幫助的科學」**。

像這種無意義的研究，以及**「部分貴族的高壓統治」**這類的小故事，在**《航海王》**中也出現過許多次。

其中讓人印象最深刻的就是**「橋上國・龍舌蘭之狼」**的故事。

在夏波帝諸島遭巴索羅繆・大熊拍飛的羅賓，在橋上國・龍舌蘭之狼被強制服勞役。**「即將成為『勞工』的妳，只要默默造橋就夠了！」**（第54集第524話）從這句話來看，羅賓在這裡所受到的待遇，與其說是勞工，其實更接近奴隸。那座連接島與島之間的巨大橋梁，是在天龍人的命令下蓋的，從開始建造至今已經過了七百年的漫長歲月，還看不到完工之日。天龍人不只把人類當成奴隸，就連奪走他們的性命也不以為意，在《航海王》世界中被視為一種「惡」的存在。

## ▼拉乎德爾前方的那座島上有「真正的歷史本文」？

在《格列佛遊記》中，拉普塔旁邊還有一座名為**「格魯都追」**的小島。這座島上住著魔法師，他們的特殊能力是能夠使用降靈術將已死的人召喚出來。

在這座島上，格列佛召喚出凱撒大帝及布魯圖斯[13]等歷史上的偉人，並與他們對談。從他們口中得知**「現在所傳頌的歷史都是經過修改的」**這個具衝擊性的事實。也就是說，為了國家鞠躬盡瘁的人物都沒能在歷史上留名，就算能留名也是被竄改成惡人流傳下來。這就像多佛朗明哥在頂點戰爭時曾嗤之以鼻地說：**「海賊是邪惡？海軍是正義？這種事實已經被改寫過好幾次了！」「站在頂點的人能夠改變善惡！」**（皆出自第57集第556話）兩者的說法其實是相仿的。

一旦將這些套用在《航海王》的世界裡，故事很有可能會這樣發展——拉乎德爾前方的那座島，將會讓顛覆歷史的真相明朗化。為了隱蔽對世界政府不利的過去，也就是世界政府的前身組織毀滅了**「某個巨大王國」**這項事實，因而竄改了歷史——這就是真相的內容嗎？

換個說法，或許說明了**「空白的一百年」**真相的**「真正歷史本文」**，就存在於那座島上也說不定。若是如此，引導羅傑來到最後的文字，是不是也已經送達這裡了呢？

如果拉乎德爾前方的那座島上有記載「空白的一百年」的「真正歷史本文」，可以預測那裡肯定會受到世界政府的嚴格控管。畢竟如果「真正歷史本文」被人解讀的話，過去八百年來所隱瞞的那些對世界政府不利的真相就會曝光，也代表他們最擔心的「某個巨大王國」的**「存在」**及**「思想」**都會攤在陽光下。

13・Marcus Junius Brutus Caepio，晚期羅馬共和國的元老院議員，曾參與刺殺凱撒的行動。

# 格列佛的旅程所暗示最終之島．拉乎德爾的位置

## ▼位於拉普塔西側的幾座島嶼

格列佛離開巴尼巴比國之後，為了回到故鄉英格蘭，便一邊尋找航行的船隻，一邊往西開始旅行。

其中途經的國家之一，就是人民寬容有禮的**「拉格那格王國」**。看過形形色色國家的格列佛，備受拉格那格國王喜愛，成為國王聊天的對象，在那裡住了一段時間。

而格列佛也因此認識了名為**「斯特魯布魯格」**的不死人。格列佛一開始很羨慕他們不死的特性，但不死人卻無法不衰老，最後甚至連過去之事都無法傳承，這才領悟到原來死亡是人類所獲得的一種救贖。

這裡令人在意的就是**「不死」**這個關鍵詞。

到目前為止，我們已經知道巨人族比人類活得更久，有長達三百年的壽命。但《航海王》的世界裡還沒出現過**「不死」**的人。勉強算得上的就是布魯克，他因為**「黃泉果實的能力」**而接近**「不死」**的狀態，但嚴格來說是不一樣的。

《航海王》如果是以**《格列佛遊記》**為參考，那魯夫一行人會不會在注入了拉格那格王國元素的島上，遇到**「不死」**的存在呢？說不定那裡還有在**「空白的一百年」**生活過，而且活了超過八百年以上的不死之人。

應該無法解讀古代文字的羅傑海賊團，卻宣稱**「我們知道歷史的一切」**（第52集第507話），說不定就是出於這個原因。推測他們可能碰上了不死之人，聽說了「空白的一百年」的真相，並且知道了歷史的一切。

當魯夫一行人面對**「不死」**的存在，以及遇上從「空白的一百年」倖存至今的人時，究竟會有什麼感覺，又會說什麼呢？

## ▼新世界「和之國」的原型果然就是日本?!

《格列佛遊記》是以架空的船醫格列佛所記敘的故事為主體，但作品中還是出現了不少**「南印度洋」**、**「英國」**等現實世界的地名。而在第三篇裡，也有**「日本」**登場。雖然沒有北海道，但其敘述的地圖幾乎跟現在的本州形狀相同，而且上面還很清楚地寫著**「JAPON」**。

從插畫上來看，日本位於拉普塔遙遠的西邊，中間則有拉格那格王國及格魯都追。

從現實世界來看，日本西側只有廣闊的太平洋，中間並沒有特別顯眼的島嶼。格列佛所描述的是從英國的角度來看，日本位於**「極東」**之地。若是如此，比日本還要東邊的拉普塔，就等於是**「世界的盡頭」**。這跟被稱為**「最終之地」**的拉乎德爾的形象非常吻合。而這個相對位置，對於拉乎德爾的原型是拉普塔這種推論，又增添了幾分可信度。

在格列佛離開拉普塔要回英國的途中，順路來到日本。那裡有江戶以及皇帝，還對荷蘭人實施**「踏繪」**[14]。格列佛見狀，謁見了皇帝，要求免除踏繪。最後在**「NAGASAKU」**（**推測是長崎**）這個地方出海，搭上了回鄉的船。

《格列佛遊記》在1726年發行初版。當時的日本正處於江戶時代，由八代將軍德川吉宗統治江戶幕府。在《格列佛遊記》裡登場的江戶皇帝，就宛如德川家族，也忠實地呈現了基督教禁令下的日本。

或許這個世界觀也會沿用到《航海王》裡。就如同我們在前一章考察過的，在《航海王》中，應該會將日本的形象盡數投射在**「和之國」**裡吧。《格列佛遊記》中所描繪的日本時代觀，跟由武士持刀守護的和之國狀況，很巧合地非常一致。

到目前為止，可樂克斯及布魯克似乎都是參考自格列佛的經歷，由此推測，在和之國說不定會出現某人對將軍要求免除踏繪的場景。無論如何，在「和之國篇」中大量注入《格列佛遊記》元素的可能性是很高的。

14．江戶時代下令禁止基督教，要求外國人踩踏耶穌或聖母像的一種行為。

## ▼在「拉乎德爾前方的那座島」等待眾人的究竟是什麼？

身為羅傑海賊團的船醫，遊遍世界的可樂克斯，針對「偉大的航路」的結構提出說明：**「一開始可以選擇沿著從這座山放出來的七條磁氣帶的其中一條航行。但不管先到達哪一座島嶼，這些磁氣帶……最後會因互相連接的關係，而連結成一條航路，沿著航路，最後抵達的那座島嶼就叫做……『拉乎德爾』。」**（第12集第105話）

來看看畫面中的圖解，從顛倒山開始的七條航路，先抵達**「紅土大陸」**，在後半段海域變成五條再度展開。之後彙整成三條，最終在拉乎德爾前方的那座島集結成一條航路。這跟在夏波帝諸島時夏克雅克所說明的圖幾乎一致，應該可以將這張「偉大的航路」的路徑視為有一定正確性的海圖。

這裡我們要來關注的是幾條航路合而為一的**「前方的那座島」**。雖然可樂克斯是說**「最後抵達的那座島嶼就叫做……『拉乎德爾』」**，但是換成**「拉乎德爾前方的那座島」**應該也是可以的吧。

從《格列佛遊記》中各島的相對位置來看，可能是拉乎德爾原型的拉普塔，其**「前方的那座島」**就是拉格那格王國。不過，那其實是格列佛離開拉普塔啟航後，第一個順道進入的島，嚴格來說不知道算不算**「前方的那座島」**。至少在拉普塔的旁邊，也還畫著格魯都追這樣的小島。因此，這兩座島的其中之一都可以當作是**「前方的那座島」**吧。

這兩座島有一個共通點，那就是**「邂逅了知道過去的人」**這個元素。拉格那格王國有不死之人「斯特魯布魯格」，在格魯都追則有能使用降靈術召喚亡者的魔法師。他們都稱得上是**「知道過去的人」**。

到目前為止，從兩個故事的相似性來看，推測拉乎德爾前方的那座島應該也存在著**「知道過去的人」**。在《航海王》中，**「過去」**指的肯定就是葬送在歷史黑暗中的「空白的一百年」相關情報。

魯夫一行人會邂逅什麼樣的過去呢？而對於說過**「找到的答案也不見得跟我們一樣」**（第52集第507話）的雷利以及全世界，又會給出什麼樣的答案呢？

## ▼完成「真正的歷史本文」才是登陸拉乎德爾的條件嗎？

抵達拉乎德爾是否必須具備某些**「條件」**？關於這個問題，**「航海王最終研究」**系列的第一冊中，就推測在拉乎德爾前方的那座島上，可能有著**「歷史本文」**的確認工作。

持續調查「歷史本文」的羅賓說：**「『歷史本文』有好幾個，分別散布在世界各個角落……我想……一定是得將上面所記載的文字全部串聯起來，才能變成一篇填補『空白歷史』的文章。只有這篇串聯而成的文章，才是『真正的歷史本文』。」「我也必須將我以前看過的『歷史本文』的文章……帶到那個地方去才行……『偉大航路』的盡頭──『拉乎德爾』！」**（皆出自第32集第301話）這也可以解釋成，記載著「空白的一百年」真相的「真正的歷史本文」，要在拉乎德爾才能夠完成。同時，也可以推測把「歷史本文」的文章帶到最終之地，就是拉乎德爾的登陸**「條件」**。

雷利描述征服「偉大的航路」的過程時，是這麼說的：**「我們就去拜託他（可樂克斯），請他以船醫的身分跟著我們進行『最後的航海』。三年後，羅傑保住了性命……並且完成了被認為不可能達成的……走完『偉大的航路』豐功偉業。」**（第52集第506話）這裡我們要注意**「最後的航海」**這句話。難道羅傑不只一次，而是多次在「偉大的航路」上航行嗎？

如果真是如此，可以想到的理由或許就是為了完成「真正的歷史本文」。莫非為了讀完散布在各地的所有「歷史本文」，他反覆不斷地在海上來回航行？

最神奇的是，主角魯夫所說的話似乎也暗示了他會航行不只一次。在「偉大的航路」起點雙子海角，可樂克斯叮嚀他：**「一開始能選擇航路的地方，就只有這裡喔。」**這時魯夫的回答是：**「如果不滿意這條航路，那再繞一周就好啦。」**聽到他這麼說，可樂克斯露出愉快的笑容，在他們出航之後自言自語道：**「他們到底是不是我們在等待的海賊呢？他給人一股很不可思議的感覺。你覺得呢？羅傑……」**（皆出自第12集第105話）

究竟草帽一行人的冒險會迎向什麼樣的結果呢？他們要抵達拉乎德爾，似乎還需要一段時間呢。

# 「別放在心上！放心的去吧！」

By　蒙其．D．魯夫（第3集第21話）

# 航海王最終研究 再考察

OnePiece FinalAnswer

## 參考文獻


『史上最強カラー図解 プロが教える船のすべてがわかる本』池田良穂監修（ナツメ社）
『世界史をつくった海賊』　竹田 いさみ著（筑摩書房）
『海賊の掟』　山田 吉彦著（新潮社）
『世界神話事典』大林太良(編集)（角川書店）
『海賊事典（「知」のビジュアル百科)』　リチャード プラット著、朝比奈 一郎 翻訳（あすなろ書房）
『中世ヨーロッパ騎士事典（「知」のビジュアル百科)』クリストファーグラベット著、
　森岡 敬一郎 監修、リリーフシステムズ 翻訳（あすなろ書房）
『古代地中海世界の歴史』ランドール・ササキ著（メディアファクトリー）
『完全版　超古代オーパーツFILE (ムーSPECIAL) 』並木伸一郎著（学研パブリッシング）
『完全版 世界の超古代文明FILE』古代文明研究会著（学研パブリッシング）
『オーパーツ大全』クラウスドナ著（学習研究社）
『神々の遺産オーパーツ大全』並木伸一郎著（学習研究社）
『海賊の世界史上・下』 フィリップ・ゴス著　朝比奈 一郎（翻訳）（中央公論新社）
『考古学の基礎知識』広瀬和雄著（角川学芸出版）
『世界を動かす海賊』竹田 いさみ著（筑摩書房）
『図説 海賊大全』 デイヴィッド コーディングリ 編集、David Cordingly著、
　増田 義郎　翻訳、竹内 和世翻訳 （東洋書林）
『図説 大航海時代 (ふくろうの本/世界の歴史)』 増田 義郎（河出書房新社）
『ドン・キホーテ』　セルバンテス著、牛島 信明（翻訳）(岩波書店)


※ 本參考文獻為日文原書名稱及日本出版社，由於無法明確查知是否有相關繁體中文版，在此便不將參考文獻譯成中文，敬請見諒。

# ONE PIECE＝「真正的歷史本文」?!

## ▼尾田老師想傳達的訊息是什麼？

本書的研究主題之一——**「神話」**及**「童話」**，在世界各個角落流傳，受到當地居民的喜愛並傳頌。《航海王》的世界也是一樣，存在著代代相傳的故事。

然而，跟我們生活的現代稱得上共通的部分，就是這些神話或童話終究是架空的故事，而不被承認是歷史事實。如果有人說那就是過去發生過的歷史，應該也沒什麼人會相信吧。

「北方藍」流傳的童話**「大騙子諾蘭德」**，就被視為一則杜撰的故事。

四百年前，位於北方的某個國家有個名叫蒙布朗．諾蘭德的男人，他每次航海結束後都會對大家說他大冒險的故事。有一天諾蘭德又結束了一次航海，立刻到國王跟前稟報：**「我在偉大海洋的某座島嶼上，發現了堆積如山的黃金。」**（第25集第227話）國王相信了諾蘭德的話，並且前往那座島，但那裡只有空無一物的叢林。國王認為諾蘭德欺騙他，大怒之下將諾蘭德處決了。

故事主角一直掛在嘴邊的「黃金鄉」，至今仍被認為是「不存在的地方」，但由於魯夫等人的奔走，我們才知道那是千真萬確的事。

此外，本書也研究了諾亞方舟及巨人傳說，找出與《航海王》世界的共通點。姑且不論真偽，疑似諾亞方舟的遺跡就留在亞拉拉特山的山頂，而世界各地也存在著據說是巨人腳印的遺跡。儘管其中多數都被認為是毫無根據的空想，但實際上那說不定是教科書沒有告訴我們的「真正的歷史本文」。

同樣地，不只是《聖經》，日本的《古事記》和希臘神話、北歐神話裡也描述了許多人類誕生的故事，以及可能會造成人類滅絕危機的悲慘結局。

說到世界上最知名的故事，就是先前所提到的諾亞方舟。

神無法忍受地上逐漸增多的人類所犯下的惡行，於是告訴「與神一同走在正軌上」的諾亞，祂將引發大洪水使人類滅絕。祂命令諾亞建造巨大的方舟，完成之後，帶著家人及各種動物搭乘方舟，等待大洪水到來。後來，神就以洪水清洗地上的一切，讓人類滅絕。

像這樣的**洪水傳說**，也在世界各地廣為流傳。

有部分的歷史學家提出假設，認為**「包含《聖經》在內，全世界所有古代神話的起源典籍是相同的」**。也就是說，**「原本是同一個故事」**、**「原本是同一個世界」**的可能性並不是完全沒有。

若回溯到超古代時期，據說世界上的大陸全都連在一起（盤古大陸理論）。就像本書中考察過的那樣，現在分成四個海域的《航海王》世界，在空白的一百年前，說不定海域是相連接的，世界也很可能是連結在一起的。

研究童話學的歷史學者們，似乎也認為童話是**「歷史資料」**，**「儘管偶爾帶有一些幻想色彩，卻是扎根於現實世界中。」**（羅伯·丹屯[15]）感覺上，尾田老師在創作《航海王》時，同樣也是以「神話或童話都是實際發生過的史實」為解釋基礎。

另一方面，《航海王》裡也囊括了「種族歧視」這樣的主題。尤其是在人類與魚人之間血債血償的故事中，也看得到激烈的憎恨之情。雙方從來不打算互相了解，只是不斷地付出鮮血與生命的代價。

然而，當魯夫與吉貝爾兩個不同種族的人展現了輸血這個舉動時，等於克服了種族歧視，開始邁向新的里程。而如果有一天，吉貝爾真的加入草帽一行人，魯夫身邊就聚集了更多不同的人種。

過去實際存在的海賊之間有個規定，那就是船上不能有「種族歧視」，永遠都是**「自由」**與**「平等」**的。草帽一行人所搭乘的千陽號，也確實默默地理解並深化了這個規定。這艘船的大小跟全世界比起來，可說是極為渺小的**「小小世界」**。可是存在於船上這個「小小世界」的事物，我們認為才是尾田老師想要描繪的一種**「和平」（PIECE）**，不是嗎？

那麼，我們 ONE PIECE 研究會的航行，就暫時在這裡畫下句點了。不過，魯夫他們的冒險還會繼續，即使回收了謎團或伏筆，往往還會誕生出新的謎團，因此要找出答案還言之過早。

我們就跟著魯夫他們一起享受航海，並祈禱他們的冒險能夠平安順利吧。

——ONE PIECE 研究會

15．Robert Darnton，美國著名的歷史學家。

告訴你們，

做什麼！

整個世界……

答案也

一樣！」

了解一切……」

By 席爾巴斯·雷利（第52集第507話）

「即使我現在

把歷史的一切

ONE PIECE FINAL ANSWER REVISION

你們還是……沒辦法

你們去慢慢看了

之後找到的

不見得跟我們

「到時候妳就會

國家圖書館出版品預行編目(CIP)資料

航海王最終研究：再考察 通往最終之地「拉乎德爾」的指標 / ONE PIECE 研究會編著；鍾明秀翻譯. -- 初版. -- 新北市：繪虹企業, 2017.02
面； 公分. -- (COMIX 愛動漫；22)
ISBN 978-986-94254-0-7(平裝)

1. 漫畫 2. 讀物研究

947.41 105025133

編著簡介：

ONE PIECE 研究會

由 Kouhei（コウヘイ）、Shinkurou（シンクロウ）、Hina（ヒナ）這三位所組成，針對日本集英社所發行的《航海王》（著．尾田栄一郎）持續進行相關研究之非官方組織。本次再度聚首，是為了將過去的最終研究系列重新整理組織成重點摘要版。

COMIX 愛動漫 022

航海王最終研究：再考察

通往最終之地「拉乎德爾」的指標

編　　著／ONE PIECE 研究會（ワンピース研究会）
翻　　譯／鍾明秀
編　　輯／鍾艾玲
特約編輯／黃慧文
編輯排版／陳琬綾
出版企劃／大風文化
行銷發行／繪虹企業股份有限公司
發 行 人／張英利
電　　話／(02)2218-0701
傳　　真／(02)2218-0704
E-Mail／rphsale@gmail.com
Facebook／大風文化
https://www.facebook.com/rainbow.whirlwind/
地　　址／台灣新北市 231 新店區中正路 499 號 4 樓

香港地區總經銷 / 豐達出版發行有限公司
電話 /（852）2172-6533
傳真 /（852）2172-4355
地址 / 香港柴灣永泰道 70 號 柴灣工業城 2 期 1805 室

初版一刷／2017 年 2 月
定　　價／新台幣 250 元

One Piece Saishuukenkyu Kai REVISION-Saihate no Chi・Rafuteru He No Michishirube